鄭惠文

著 —— 鄧惠文

我想看妳變老的樣子

明天的女人 比昨天的女孩更精采

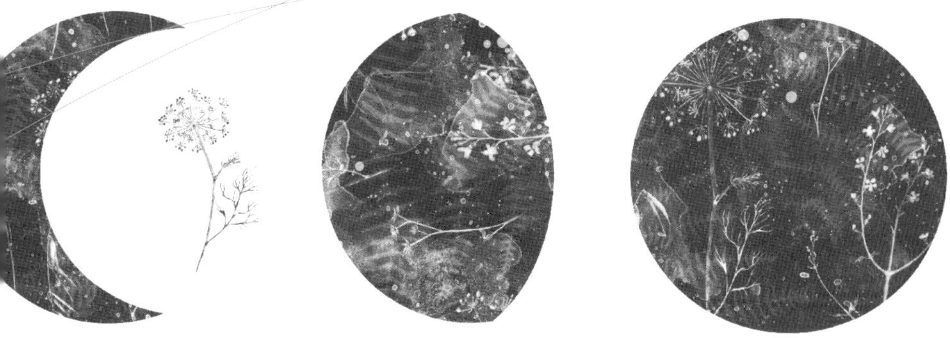

自序

我想看妳變老的樣子

我們每天都在變老。
這麼自然的事，是不能也不需要抗拒的。

如何看起來年輕、如何感覺年輕，似乎成為下一個階段最大的功課。然而，關於變老經常被強調的那些事，如果是針對外表或打發時間，其實無關痛癢。最重要的是健康習慣，而且不只是身體健康，心靈更要健康。

我們期待愈老心靈愈好，年輕的毛躁愚蠢盡數磨光，渾圓剔透。偏偏這是最難的。有時看到年長的人，外表亮麗，體健肌強，言談舉止卻顯現內在的焦慮和崩壞。例如年輕時自由風雅，現在變得固執自負，對新事物無意了解，對年輕人恣意輕蔑，停止了學習，計較著輩分，不知道別人怎麼看自己，也看不清自己。這是我覺得最可憐的老法了。我們需要如何的心智與性情，才能在重重考驗中，琢磨出屬於自己的獨特光采呢？

50+網站邀我討論這些議題時，我認真的錄了幾支影片，但心裡其實嘀咕著：「幹嘛找我，我明明還沒五十！」藉故擱置。接下來幾年，我自己開始經歷知天命階段的種種考驗，對於當時不以為意或不知該如何討論的議題，逐一體會其重量與深度。摸索著長輩和前輩的足跡，和好友家人為伴，嘗試確認自己相信和在意的東西，哪些可以繼續帶著前往未來。

原本我希望寫成跟各種性別的朋友都可以分享的內容，不過，寫著寫著還是覺得，女人的經歷相當特殊，所以仍先以身邊的女性故事和思維為主。這是我寫過歷程最長的一本書，感覺不是用寫的，是一點一滴以時光釀造的。特別感謝編輯郁慧和天來社長，這年紀去哪裡做什麼都會被催促，兩位在我滯筆時始終如一的溫柔，是這本書終於可以完成的絕對原因。感謝梁心愉小姐為書名題字，字如其人的美好。

謝謝我阿嬤和母親的人生智慧。我媽總說，不知道該怎麼辦時，就想想「若是阿嬤會怎樣？」這一招很管用。人們以為老女人是個貶義詞，我只知道，還好前面有老女人，願意對我們示範與歲月交手時的各種祕技，不然這一切是要如何面對？我也為女兒記載這些，或許有一天她會想知道。

很開心我也漸漸成長到堪稱老女人的時候。
當女人不再被他人當作女人看待時，女人自己的人生才真正開始。
愛妳的人，會想看妳變老的樣子。

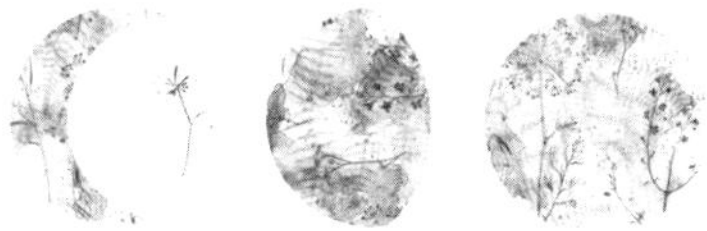

目次 contents

輯三

往來之情

輯四

進退之際

輯五

心之所向

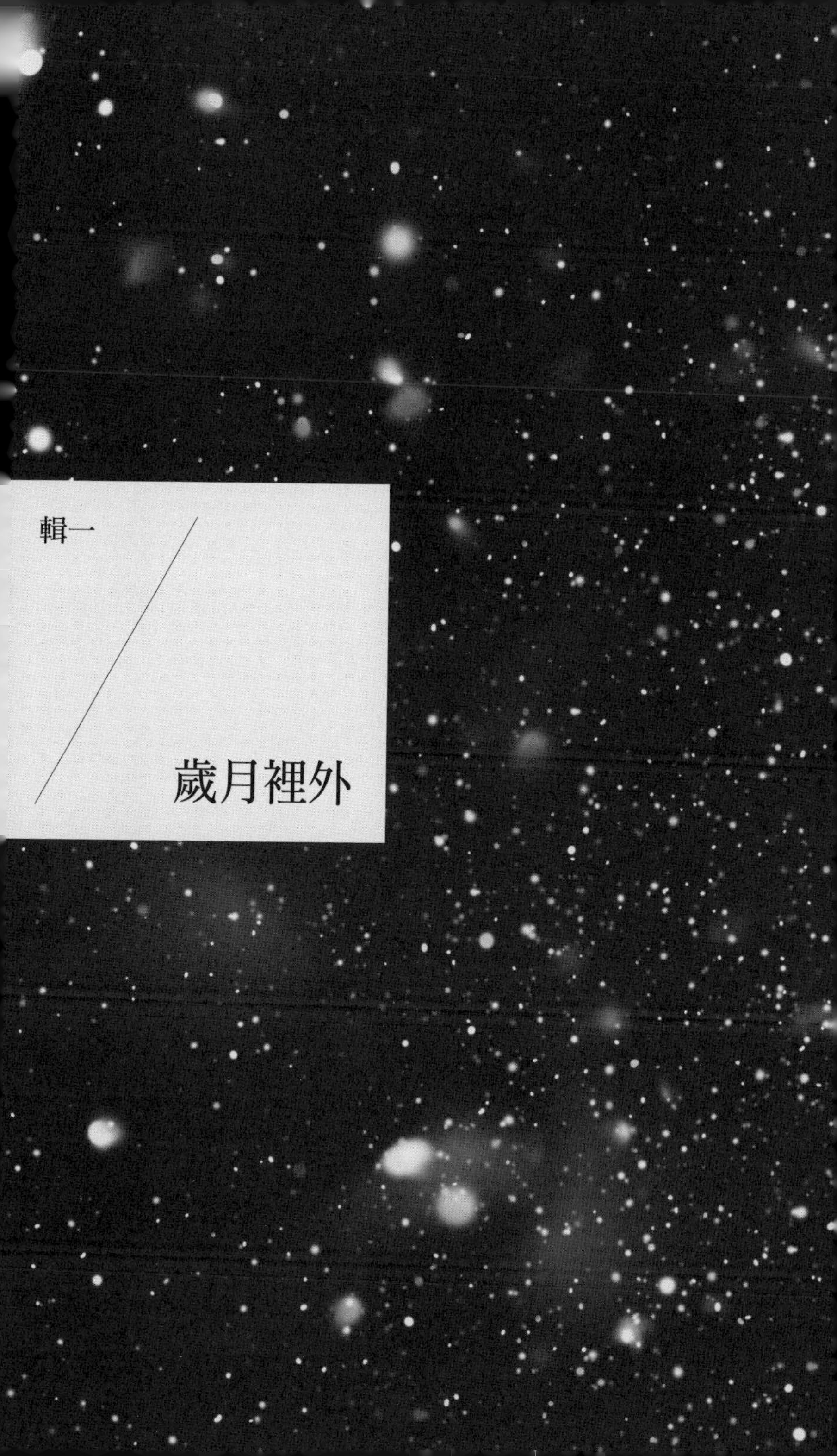

輯一

歲月裡外

少女心
大人美

與清晨對應的不總是黑夜，與少女心對照的也不是將死之老。這兩極之間琢磨熟成的時間，應如午後的緩慢和煦。

熟齡女性聚會，有人的穿著引起大家注意。「穿得好年輕！」、「好可愛的衣服！」被品評者笑得燦爛，大家的結論是：她永遠都有少女心。

有沒有少女心跟成熟不成熟是關係複雜的兩回事。「穿得年輕」跟「顯得年輕」，也是兩回事。

我有幾張外婆昔日的照片，約莫是一九四〇年代，她穿著淡雅的「長衫」（適體素樸的日常旗袍），頭髮乾乾淨淨的梳成一個低髻。外婆到七、八十歲也仍這樣裝束。小時候我不曾多想，未滿四十歲的外婆跟八十歲的外婆穿著打扮一路相同，有什麼值得玩味。等到自己四十歲，猶豫著穿什麼衣、梳什麼頭時，才深刻的感受到，現在的女人對於年齡的表現真是不同於前。哪有四十歲的人願意穿適合八十歲的衣服，八十歲還照著三十歲穿搭的才大有人在。

三十多歲外婆的穿著，看起來是「她的衣服比她老」。那時候的女人似乎習慣那樣。現代五十歲以上，卻以少女款式打扮的女性，看起來是「她的衣服比她年輕」。這真是有趣！許多人聽到別人說她穿著年輕都很開心，她們在不在意這話的意思其實是「妳比妳想展現的年紀老」呢？

聽說我那剛上大學的外甥女現在都化妝去上課。我沒見過她的妝容，想像應是十分媚麗。我唸大學時，女生最多只是塗點帶有粉系光澤的護唇膏，那時魅力的最高原則就是清純。現在，年輕女孩比以前更早開始使用展現女性風韻的裝扮；熟女則比以前更晚脫離這些裝扮。多數人的說法是：女性不再受年齡限制，變得更自由自主了！愛穿什麼，就穿什麼！

是這樣嗎？或者，更深處的心理，女人其實比以前更不自由，被崇尚年輕美感的價值觀統治的年限更久？

如果我足夠愛自己，我也愛自己的年齡，以全然的貼近知悉我的體型、我的膚觸、我的白髮、我的姿態時，我知道這與十年、二十年前多麼不同。過去最能烘托我美的衣飾，既然最適合過去的樣貌，就不會最適合現在的樣貌。

做一個安然愛自己的五十歲女子，可以不再為了使別人覺得漂亮而打扮，不化妝或不染髮，寬鬆、純棉與涼紗，運動鞋和後背包；也可以高興打扮，想讓自己看起來像是美麗的五十歲，擁有心態與外型整體的自在，而不是披掛著更適合女兒的東西，訴說著「我不想看起來像我的年齡」。

這是我愛美的方式。我愛我美，不是愛衣服美。認真走過生活，真實樣貌便是我心我思的展現。

不服從年齡的限制，硬是穿得年輕，可能是自信，也可能是無法接受變老。不服侍主流的女體美感，才是解放。

你可以說我過時，但對我而言，針對年輕女子樣態而設計的衣服，對我而言才是過時。我的時尚，是現在，是未來。是我的中年，我的老年。

學會好好為自己繫一個蝴蝶結的時候，我還是一個小學生。我有兩條辮子，上端和下端，每天可以繫四個緞帶蝴蝶結。成年後的我，有時也會鬆鬆的紮一條髮辮在後腦。我自己認為大人若是繫髮帶，蝴蝶結的尾端得短才是。

後來有機會修習日本舞踊，高齡八十的家元（掌門人）若泉德榮老師親傳儀態韻致的哲學。她一邊說一邊示範，例如某曲某個段落，欲表達愛之渴望，即使以同樣的編舞動作演出，仍須考量自身的年齡，舞者是十幾歲少女或五十歲婦女，在肢體與眼神的角度與幅度上，應該如何微調，才能展現極致的情感與美感，一旦錯置，不僅無法打動人心，甚至會破壞感受。

接著老師提起，就像和服腰帶的繫法，熟齡女性不宜如少女般垂掛長長的蝴蝶結下襬，應該懂得收束尾端更有韻味。

我的蝴蝶結原則，在此得到認證。

這番解說，輔以生動的示範，八十歲的老師忽而展現少女情竇初開的矜持，轉瞬間改變視線的角度、手部動作的高度與幅度，看似相同的動作，立時轉為中年的滄桑。

任意穿越時空轉換年紀的老師，真美！

那時我尚未四十。現在回想，德榮老師給我的感動，不只是細緻的藝術，更是她以前輩之姿傳遞的安心。能見一位年長女性，舒服自信的老著，美已為她所用，而非她的主宰，這讓我安心。而那些滿臉肉毒桿菌與玻尿酸的美魔女，只讓我焦慮。

在只能前進的歲月路上，女人能否盡情揮灑，始終全體全面的擁抱自己？不必逞強，不必否認，不必演出凍齡戲碼。明明是累進的年齡，活生生活潑潑持續經歷的我之自體，為什麼要凍？

這份任性，才是我的少女心。

成熟並不容易

少女本是美好。每個女人都經歷過少女情懷，可愛又迷人，純真又彆扭。追求夢想的無限可能，勇於創新，歡迎變化，誰不想永遠保留這樣的活力。

我們所處的是一個過度崇拜年輕而拒絕年老的時代，女人以「凍齡」、「童顏」、「逆齡」為美，男性也比上一個世代面對著更強的抗老焦慮。一位經驗豐富的男演員告訴我他要去做醫美，我很詫異，他說：「小鮮肉早就已經取代了演技派。觀眾寧可包容稚嫩演員的疏漏，也不想看見歲月的痕跡。年輕感就是希望感。」

不想被老限制，就要保有年輕的心境，但一味抗拒年紀，堅持「我要永遠像少女」的老少女，那種與現實脫節的假象，反而徹底背離了年輕人最重要的價值——真實與勇敢。

成熟而心境年輕，或是怕老而假裝年輕，自己未必能看清楚，但別人總是一目瞭然。無法成熟的人，只能持續寄居在熟悉的年輕戲服中，遇見無法處理的事，就說「我不用勉強自己」。觸及不可避免的極限，就轉身忽視。相信自己應該被愛、被幫助，卻始終無法愛自己的全貌，也無法愛他人的全貌。所有扎眼、扎手的，都不碰。

因為要避開所有覺醒的刺激，世界愈來愈小，交往愈來愈少。

害怕失去青春、愛、優勢，過度的抗拒現實，結果卻失去了更多。

當我們擁有五十年的生命資歷，代表我們曾以五十年的時間，用於生活，在經驗中吸收成長的養分。你我都可能試圖拒絕繼續成長，因為太辛苦，因為太孤獨，因為不想放手。但防衛不是有用的姿態，我們只能前行。

唯有接受時光的方向性，才可能讓自我在未來有立足之地。

成長的現象就像一個金字塔，只有少數的人能夠歷經所有階段，蛻變出自性之美。

一位早年就享盡盛名的女性，在接近五十歲時投入了深度的心靈探索。她的前半生具足閃耀於眾人之前的所有元素，美貌、才華、幸運，但是我最敬佩的是她在順遂的前半生之後，願意認真面對時間如何逐漸取走她的珍寶，而不別過眼去。她告訴我：「有一天我開始看自己，我是誰？我在哪裡？我突然恐慌了。那好像是，我從沒轉大人，可是現在張開眼，周遭的事情已經逼著我要轉老人。」

還沒「轉大人」，就要開始「轉老人」。不就是如此？我們可以延遲長大，但終究要趕上進度。

籠罩在以嫩為美的價值觀下，似乎不要老去、永遠年輕才有價值，但這是不可能的。短暫而必將失落正是青春的本質之一，何不持續那份勇敢，追求成

熟的美。如同瓜果熟成，在表皮布上紋路的過程中，內裡益增豐潤甜美。

與清晨對應的不總是黑夜，與少女心對照的也不是將死之老。這兩極之間琢磨熟成的時間，應如午後的緩慢和煦。

這就是中年。

永恆少年與永恆少女

拒絕成熟的老孩子，不認事物的極限，緊緊抓著童稚的萬能幻想，相信時間與機會都是無限的。心理學家榮格曾解析「永恆少年」、「永恆少女」的概念。永恆少年，在現實中已是一個成年男性，心態上卻拒絕擔負任何會剝奪自由的責任。他是只做自己的美少年，不定居於關係之中，「漂ノ」而無法掌握。不管是工作、愛情或家庭，他不接受深度的關係，唯恐那會磨損他的自由，限制他的空間。他永遠追求無限制及無拘束，他飛翔、遊走，就是不定下來，他是彼得潘，永遠追隨著新的冒險。

心理學家對永恆少年有好幾種解釋，一派認為這些不肯長大的少年是因為無法與母親切割，相信永遠會有一個「母親」無限的等待和包容他們，因此可以肆無忌憚的走闖鬧騰，無限的實驗自己。另一派學者則認為永恆少年早已脫離了母親的懷抱，他拒絕無趣的「轉大人」階段，是因為他有非凡的創造力與活力，不需歷經俗世大人階段，他的目標是直接變成睿智老者。無論是哪一種發展原因，現實社會裡，我們的確看見許多才氣縱橫的男性，活在永恆少年的角色中。他們擁有精采的人生，但卻苦了他周圍的人，得永遠包容這個大孩子，甚至為他犧牲。

與永恆少年相似的永恆少女，也在我們周遭。日本心理學家河合隼雄描述：「永恆少女『不讓自己受到傷害』。這種氛圍形成一種獨特的魅力，顯得不同於一般女性，靈性脫俗，個性鮮明，許多男性深深受此吸引，但卻無法捕捉她們，一靠近，她就一溜煙的跑走，徒留無限悵惘。」也許正是如此，她們終身單身。即使結了婚、生了小孩，也不會輕易接受羈絆。如果進入傳統的母職角色，將無法避免某種程度的自我犧牲，但她們關於自我的覺察和痛覺非常敏銳，因此，她需要經歷比男子更深沉的蛻變，否則只能在逃家或憂鬱這兩種宿命之間擇一。

女人的身體和男人相當不同。女性一生會經歷更多明顯的身體轉變，從初潮、懷孕、生產、更年期與老年。女人可以忘齡，但她的身體會提醒她這是一個不同的階段。因此女性要停留在「永恆少女」的狀態，可能得比男性更用力的抗拒自然趨勢，例如激烈的飲食控制、荷爾蒙藥物或醫美技術等等。如此的激烈手段代價不菲，結果不見得是更多自由，反而是惱人的焦慮與身心症。

自在的任性，是年輕的特權。但在成人的現實之中，我們必得承認自己無法騰空飛行，每一步都得踏實著地。「理論上」人生有無限可能，但時間並不給我們這樣的可能。

永恆少年與永恆少女翱翔於夢想，拒絕無謂又駑鈍的地面行走。飛翔憑藉的是風，無風或逆風時，如果缺乏安然步行的能力，只能墜落。抗拒「轉大人」者，許多無法順利終老，而是在老年前心理崩潰。

我們已行走到路的中段，不再有足夠的時間換一條路重新開始。就算不在乎從頭開始能走多遠，為了重新開始，往往必須拋卻在原本那條路上的包袱，可能是某種責任，也可能是一個伴侶。當一個成熟的人願意為自己過去的選擇負責，他就不可能肆無忌憚的清除負載，他必須接受自己失去某些「可能性」，例如，另一種人生，另一種愛情，另一種成就……如此的侷限並不是因為他不敢夢想，而是他接受有些事不能無限度的重來。

放下無限的期待，面對自己與他人的美與惡，誠實估量「我現在擁有的」、「我曾經擁有但已經失去的」和「我從來沒有而此生也不會擁有的」，覺有覺無，認知極限，焦慮就不會那樣強大，因此我們也不需要切割、假裝和逃避。

這樣真實的妳我，記憶著少女心，擁有著大人美。

大姐就是豪氣

大姐之路，不只是老去，更是解放。成熟具足，破繭何懼。容不下妳我羽翼全開的，不是真天地。

女子的一生，要經歷幾次稱謂的轉換？身分轉變，就像知了褪殼，蝴蝶羽化。從女孩變成女人、從人妻再成人母，有的是平順的遞嬗，有的卻是在毫無心理準備之下，霹靂一聲從小姐變成歐巴桑。

我第一次被叫「大姐」時，就是這種感覺。當時我在某家餐廳，服務生遞上飲料後，親切的說：「大姐，妳的綜合果汁好了！」我如遭雷擊，口中酸苦滿溢，哪裡還喝得下。靜靜的與那杯飲料相對，這一天就這樣來了嗎？這麼快就從「小姐」變成「大姐」，人生與我所期待的真是相去甚遠……還好女人年紀愈大愈摳門，不管多難過都會立刻回到現實，既然花了錢怎可讓維他命C氧化，我不能不享受我的飲料。如同嬰兒第一次吸吮奶水，我乖乖的吸吮變成大姐之後的第一杯綜合果汁，味道真是非常「綜合」！

斜睨那服務生，不看還好，看了我不禁羞愧起來。那頂多二十來歲、極可能未滿二十歲的男生若不稱我大姐，到底是要稱我什麼呢？如果他叫我小姐，但同時也叫旁邊那位妙齡少女為小姐，也實在虧待那少女了。配著那杯果汁，我正式進入了心理更年期。我想我還好，只花了一個下午就度過那最難的開頭。現在我遇到陌生人時，只要還沒被叫上一聲「阿姨」，心裡都會有個輕快的聲音：「SAFE!」像遊戲過關那樣。不過，靠勢目前台灣服務業的貼心，短期內我應該不管看起來怎樣，都不容易被叫阿姨。陪母親逛街時，店員也不至於叫她阿姨，最多只叫大姐。如今的我跟母親出門時，就算是兩枚大姐，不管輩分與我的心情，至少母親對此還滿高興的。

不過，我認為不能因為世界變得比較客氣，就不用思考這件事——為什麼女人被叫「大姐」不能更開心呢？謝金燕傳唱大街小巷的〈姐姐〉，氣魄十足的展現「有歲」的自信。江山代有才人出，「姐」領風騷數百年，鼓舞了多少意志消沉的大姐！

女性老為稱謂糾結，從男性對應的名詞比對，便見蹊蹺。以前我在工作上不管遇見任何年齡的男性，例如廠商、攝影師、維修人員，我都會跟著大家稱一聲大哥，這聲「大哥」是禮貌，男性聽到之後，都會立刻變得柔和可親，願意不辭辛勞的幫忙，從沒遇過男人被叫大哥會難受的。變成中年婦女之後，遇到的男性之中，比我年輕的比率愈來愈高，我有了新的困擾——如果叫人家大哥，我是自以為年輕嗎？會不會造成雙方的難堪呢？偷偷實驗的結果，我發現就算是叫年輕男性大哥，他們也甘之如飴。男人對於「大哥」這稱謂，聽到的是仰賴，是肯定，是撒嬌。當然，被歐巴桑撒嬌一點都不有趣，可是前兩個元素仍然管用。

基於男女的常規，我知道不管自己多老，都不宜叫男人「小弟」。女性很習慣被年長男性喚為「小妹」或「妹妹」，若發音為「美眉」，更是悅耳，可是女性很難稱呼任何男性「小弟」或「底迪」而不被認為失禮。後來我發現另一個好用的名詞，那就是「小哥」。於是，確定對方比我大的，統稱大哥；確定對方比我小很多，就稱小哥；年齡模糊難辨的，都是「帥哥」。與男性相處，謹記這三「哥」原則，再配合潮流的用語微調，就不會犯太大的錯誤。

總之，男人高興被看大，女性卻願意被叫小，就算年紀相仿，也寧可被稱「妹」而非「姐」。這種微妙的心態，不僅出自「年輕是女人最大的資產」的價值觀，也流露了女性在與男性相對時，縮小自我，收斂聲勢，務以可愛無害為上綱的習慣。許多女性相信在男性面前應該裝不懂、裝弱、裝小，換取呵護或不被攻擊的安全位置。「與其暢言暢行，被譏為強勢，或陷入『妳很行誰要幫妳』的勞碌命，還不如『不會』、『不能』和『不敢』。」朋友告訴我，根據這種言論寫成的書，許多都賣得很好。然而，女人真的要繼續這樣嗎？

女性被限制並且自限發展，由來已久。古人以綑綁的方式阻止女孩足部正常發展，女人的行動能力被剝奪，相對於男人，她們注定要慢一截、矮一截、後面一截。小腳已經被解放一百年了，但女人至今仍未脫離自我囿限的心理纏足。第一位成為榮格分析師的華人馬思恩，在她的著作《纏足幽靈》中，指出許多現代女性依舊深陷於角色的綑綁，無意識的壓抑自我，在能力、關係各方面長期自我否定，不敢盡情伸展，害怕自己「大」，不允許自己「能」。不斷努力，嚴厲自省，不許放鬆，卻從未接受自己和肯定自己。

這種無意識顯現在女性生活的各個層面。業績冠軍的服飾銷售員如此傳授祕訣：如果一個女性顧客套上一件衣服，對著鏡子拉拉扯扯，想確定會不會太鬆時，要趕快說「其實妳可以穿小一號」。顧客多半會非常高興，購買機率大增。相反的，如果顧客試穿的衣服顯緊，絕不要自行建議她穿大一號，否則顧客會找個藉口就跑掉。

不只喜歡衣服小一號，年齡少一點，體重輕一些，女人也習於有話說一半，能力秀一半，職場衝一半，就是要把自己壓縮。無怪乎大姐這稱謂不受歡迎。

如果連稱謂都要小，女人如何能夠不怕僭越男性，做大人、做大事？

我沒有被布條纏過腳，但小時候外婆曾經讓我穿著布鞋睡覺，嘗試稍稍限制那快速長大的腳。雖然我們很快就放棄這種讓睡覺不舒服的做法，但我還記得那種困惑：為什麼女生腳大不好？青春期的我因為身高，被男生認為是缺點，我便躬身駝背，畏首畏尾。這些回憶已成趣味，但我仍然記憶著做為女人所承受的、以各種形式延續的纏縛。

我知道在語言、姿態、行為上如果恣意伸展，會衝撞到什麼。在衝撞引發的懲戒和反擊之間，我努力摸索著身為女人的分寸。或許因為五歲之後我就生長在沒有任何男性的家庭，或許因為我的母親和外婆都有女中豪傑的力量，或許我本性就是桀驁不馴？在這方面我學得慢，我不臣服。但我清楚的感知著那隱形卻堅實的玻璃天花板、玻璃牆、玻璃鞋。

妳是否有過相同的體驗？外面的一切都在告訴妳：跟男人辯論，別得理忘形。跟男人共事，多一點柔軟。別頂撞男人的自尊，那麼妳將得到幫忙，得到喜愛。男人婆不但讓人不舒服，更是給自己找麻煩。人都知道要藏拙，女人還得會藏「能」？

高中時，我是土風舞社的社長，某次表演過後，為了答謝友校男同學的協力，大家在冰果店慶功，結束時我自掏腰包請客。事隔多年，遇到一位當年在座的男生，他聊起那次聚會之後，男生對我的評語：「一個女生那樣請客，男生都覺得妳很可怕！太不給男生面子了！」

女生招待吃冰，不感恩就算了，還嫌棄。我曾想，那是什麼爛時代，女生好難做。這件事我好像在專欄裡寫過（算是出氣），但書寫當時我還沒升格為大姐。現在呢？跟我年齡相仿的女性，是否也常被期待要請客？當小女生時請客被嫌棄，成了大姐可以盡情買單，如果是因為人們敬重大姐就好了，但會不會如好友所說：「他們是認為老女人沒身材又不可愛，只剩付錢的價值啦！」

從我高中到現在，三十年來，女人到底解放了哪些束縛？比起人類其他事務的變遷，做女人的「道理」真是難以置信的恆定。

無論如何，我終於一點也不像小姐了。最近一次到東京旅遊，打敗銀座新宿六本木，最得我心的商品是在號稱歐巴桑天堂的巢鴨商店街所見，印有「進擊的老人」的T恤。歐巴桑的進擊，包括聲音變大，體型變大，還有臉變大。臉愈大愈不怕丟，體型愈大愈需要空間，聲音大，多少總會被聽見！女人的小腳可以被一紙法令解放，女人的心只能靠自己打開。碰碰撞撞幾十年，我才稍微知道自己真正的尺寸。身體的尺寸，心志的尺寸。如果不能完全伸展，表示我需要更大的空間。逐漸接受「大」，敢於伸展自我，是大姐的權利。

我們不再像年輕時那麼迫切需要與別人連結，不再為了伴侶、同事或朋友，毫不考慮的壓縮自己。擁有磨練而來的智慧，面對孤獨的勇氣，中年的我，應該擔得起那個「大」字。

長期處在限縮自我的心理空間，女人太容易錯失認識天命的機會。男性是否也厭倦了什麼都要頂著的壓力？如果男人可以自在做小弟，女人可以放心當大姐，除了大哥和小妹的對應，大姐與小弟也能有愉快而相互尊重的關係。

大姐之路，不只是老去，更是解放。成熟具足，破繭何懼。容不下妳我羽翼全開的，不是真天地。

誰人應悔偷靈藥

青春，飛走吧！去那能夠繼續滋養你的地方，為年輕的女孩所有，讓她為你演繹更多令人屏息的美。

打開電視、連上網路、滑手機、搭捷運，到處都是醫美廣告，資深藝人擺出自信姿態，代言各種回春雕塑的科技。周邊的朋友幾月不見，又變年輕了。

無疑的，這是一個抗老時代。

一位臉部逐漸進化到比她二十歲時還要完美的友人說：「一直美麗的感覺真好。」她很開心自己能生在這個進步的時代。

抗老是一種進步嗎？

所謂「老化」（Ageing），是時間上的相對概念，生命體、非生命體、有機物、無機物，只要繼續存在，就不斷老化。不只是生物，無生物也在老化。巨石會風化，地形有變遷。美酒老化，是為陳釀。陶瓷老化，自然碎裂。即使是號稱不分解的塑膠，放上幾十年，它的狀態也不再與剛製造時相同了。抗老是試圖延緩人類在自然中進展的趨勢，應當愈來愈老的人，抗拒年齡增長帶來的某些結果。

人們不只希望延緩老化，還想逆轉老化。無限延長生命和青春永駐的渴望，並非現代才有的念頭。秦始皇求長生不老、嫦娥偷吃靈藥，都是希求無限。抗老時代的人類平均壽命比古代人長多了，但憑藉著醫療科技，人們的野心也大多了，活上百歲不夠，還要看起來一直像三十歲。當人類有能力把生命的侷限推移一小步，無限的幻想便呼應著我們對存在的渴望，全面擴張，應許著全能，應許著無懼。

然而，我們真的有這種能力嗎？

故事通常是這樣的，有一天，A先生開始意識到：以他現在的年紀和狀態，可能無法進行徒步遊歐、登山、潛水這種高挑戰性的旅行了，但當背包客是他年輕時的夢想，還沒實現怎能放棄？於是A先生全面開啟抗老意識，積極運動，有計畫的增強體能，目標是七十歲時仍要實現一般三、四十歲的人才能完成的冒險。也許他得以一償宿願，也許他在登山時掛點了，也許他始終沒有啟程去冒險，但積極的健身讓他更健康，每天都神采奕奕……

還有另一種可能，心理治療師滿常看到的——過度努力「抗老」，與自然趨勢對抗的結果，造成無法承受的心理矛盾，變成極度的「怕老」。人的心理持續處在抵抗自然的狀態，造成慢性壓力，甚至衍生各種心身症狀。而眾所皆知，最容易使人機能老化的不是時間，而是壓力。

如果關心的不只是皮毛和體能，對於「抗老」，我們應該看見更深層的心靈意義。許多人生活優渥、事業有成，但他（她）最大的壓力來自一種追求年輕的強迫症。定期醫美，稱為「進廠保養」；起居嚴格，每日花去大半的時間維持自己的身材，怕鬆、怕垮、怕老態。或許他們外表看來比其他「不努力的」人年輕，但卻不自覺處在緊繃的心理狀態。許多別人眼前光鮮亮麗的男女，內心並非享受著年輕的愉悅，反而是對「極限」特別有感和敏感。抗老成了緊箍咒，而他們每天都為自己誦唸數十遍。真正的年輕人從來不會想著要做什麼防止變老，那才是年輕的精華，偏偏這種精華不是任何外在醫療和健身器材可以提供的。

光談抗老，不如多談「知老」、「樂老」，或「能老」，關乎心靈的種種。坦然接受每天都在老去、每個人都會變老的現實。享有數大的年齡仍能愜意自在的祕訣，在於由內而外的安定感，拋開抵抗的想法，接受，然後創造，持續發揮完整的生命能量。而不是拚命跑著，用盡力氣防止被「老年」那妖魔抓到。

你不認為老有老的趣味嗎？為什麼非得看起來年輕不行呢？過去，漸老的人們看到新生的白髮就一定會染黑，而現在愈來愈多人任由銀白髮絲放肆生長，不再時興隱藏自己的髮色，我的年輕朋友說，日前髮廊流行的髮色，有一種就叫「奶奶灰」呢！

可能因為我的職業是醫師，很早就對外表這種事解套。醫師大概是各行各業中最不嫌老的吧！年輕的醫師，尤其是女性，如何獲得病人的信任，不被質疑「妳經驗夠嗎？」著實是個考驗。我剛開始看診時，才二十五歲，有一次一位病人走進診間，四處張望，然後問我：「醫生不在嗎？」我微笑的說：「不好意思，我就是。」（為什麼我要說不好意思啊？）她坐立不安，無心討論病情，只想知道她什麼時候可以換看別的「資深（男）醫師」。類似這樣的經驗不只一次，讓我除了應做的診療，總是覺得要更努力照顧病人的「感覺」，才能得到信任（所以後來才會變成專職心理治療者吧？）。

某回我談起門診總是延後數小時才能結束，以及病人質疑我的專業時，女同事說：「我也是！不然妳以為我為何要把頭髮剪短，燙得這麼老氣？妳不妨試試看。還有，可以戴我這種比較成熟的耳環，看診會容易很多！」我恍然大悟，為什麼這位娃娃臉的女同事進醫院工作半年後，看起來好像大了五歲。之後幾年，我們都在「裝老」。大家交換心得，講話慢一點、聲音沉一點，買些老氣橫秋的襯衫和包鞋，反正能多不年輕，就多不年輕。母親常看著我的衣服，搖頭嘆息：「這個連老娘都不願意穿，妳為什麼要把自己搞成這副德性？」母親逛街時會幫我買潮流服飾，也有露肚露背的，總是被我退貨。

現在想起來，可以那樣裝老的歲月，才是貨真價實狂妄的年輕！曾幾何時，那個階段飛逝而過，現在我和同事即將面臨新的質疑：「這個醫生看起來有點老，會不會脫節了，她聽得懂我說的事嗎？」每一件事、每種角色，都有一個最完美的時間段，那是某種形象的巔峰期。一個人有沒有吸引力，取決於別人對他有什麼需求。找戀愛的要年輕，找醫生的要資深。看開這點，就沒有那麼多年輕迷思與壓力了。我們會因為慈母的老態而不愛她嗎？

不符年齡的裝束和舉止也可能引人反感。我在工作時學到一課，不少青少年對自己父母沒有分寸的裝年輕這回事，感到厭惡。現代媽媽常以「和女兒看起來像姐妹」自豪，髮色、唇色、眼影、衣著都用同款，臉書和IG滿屏都是邀請誇讚的美圖。即使兒女對這些事當下沒有表態，但以我的年輕學生為例，他們並不希望自己的朋友看到那些照片。

有位高中女生說，她媽媽每三到六個月就會去打一次肉毒桿菌，每次她看見媽媽回來，「都得克制自己，不要流露太多不屑的目光。」我好奇她的感受，她說，並不是討厭媽媽的模樣，而是覺得「她那種拚命要弄美的樣子很遜」。有時年輕人講話比較誇張，我說，別這樣跟妳媽說，她會很傷心。她笑笑：「我不會啦！我知道她很弱，所以才那麼怕老。」這早熟而有點太誠實的女孩，試著理智的對我說明：「有些人問我，是不是不喜歡媽媽裝年輕，擠在我旁邊拍照搶鏡頭？太好笑了吧，我才不在乎。我只是覺得她那樣很不自在。」

她的話勾起我的回憶。有一年我在國外待了八個月之後，回家按門鈴，赫然看見一張「跟我媽有點像但明明就不是我媽」的臉來應門。我當下想到精神醫學的一個術語「Capgras Syndrome」——有這症狀的患者，懷疑自己的親人被「替換」了。之後好久，跟媽媽講話時總覺得怪怪的，大約半年後，我真正的媽才終於回來了（那次醫美做得還真划算，維持了那麼久?!）。

我相信有太多東西比青春美貌重要。我周遭的朋友，大多是專業工作者，比較強調知識與心靈，所謂「顏值」並沒有那麼受重視。偶爾遇見一、兩位舊識，看起來比其他人年輕十來歲，我也會投以羨慕的眼光，心想「像這樣也很好」，不過僅此而已。當大家開始交談，那些外在全都不重要了，哪個正常的朋友會把目光停留在臉的表層？我們不再看見表面，而是看進心裡，專注於每個人的經歷，津津有味的分享思考與感受。行至中年，若除了外貌就沒有別的價值，豈不可憐？有人說：「雖然我五十歲了，還是想尋求感情與另一半。」

這當然好，但現在追尋的伴侶難道不該是心靈伴侶嗎？需要那些衝著皮相而來的人何用？

我想要一席深談，一本好書，一齣好歌好劇。看見漂亮的年輕人，衷心禮讚。你我都曾擁有的美麗，已經撲動翅膀，棲息在他人身上。是的，那是一種失落，但短暫正是青春的可貴本質，失落才是完整的經歷了它。青春，飛走吧！去那能夠繼續滋養你的地方，為年輕的女孩所有，讓她為你演繹更多令人屏息的美。我也值得享有一個可以不再為你舞動、而能專心欣賞的位置了。

大叔與大嬸不是年齡決定的

一聲「大叔」、「大嬸」，別人在這句稱呼中送來的是敬重，還是輕蔑，不是年紀決定的，而是我們的所作所為。

以前常稱呼中老年男性為「歐吉桑」，現在則稱為「大叔」，應該是從韓劇來的名詞。戲劇中大叔的特性，經常是不認老的，例如還想招惹小女生，有貪婪、猥瑣、色色的感覺，於是年輕女性的角色就會以一種不以為然的語氣說：「那個大叔呀！」

就像女性對於大嬸、歐巴桑這些稱謂有障礙，男性對於大叔跟歐吉桑這頂帽子，也存有抗拒。被叫大叔，暗示著好時光不再，你已不再年輕、不再強壯，不再有吸引力。不論男女，多少都怕老怕死，但在老死來臨之前，更可畏的是厭老的社會文化。

公允的說，並不是每個人老了都會討人厭。有人成為可敬的耆老，有人卻為老不尊。這其實是需要高度自覺的事，中老年人不一定要努力贏得年輕一輩的欣賞，但至少不要讓自己的人格崩壞。試著理解他人眼中敬而遠之的「歐巴桑」、「歐吉桑」，究竟是哪裡出了問題，也滿有趣的。以下是年輕人告訴我的，會讓他們覺得「歐買尬」的「老人性格」：

一、**要求他人主動讓座**　這一類以女性為多。這些人順利度過了抗拒被讓座的不認老時期，開始享受在捷運和公車上有人主動讓座給她。不只是讓座，還要很主動！上車時盯著坐著的人看，若沒有人起立，就長吁短嘆：「現在年輕人怎麼都那麼沒有禮貌。」

年輕朋友說：「其實大部分體力健全的年輕人都會讓座，但那種盯著人家看，等著檢查人家是不是好青年的眼光，就是把自己演得很像老巫婆。」

我不服氣：「你不懂，上年紀的人有時候真的站不穩，容易膝蓋痛啦、腰痛什麼的，真的很需要座位啦！」

年輕朋友想想，很認真的說：「真的痛的人，看起來感覺不一樣。怎麼說呢，求助的眼神和責備的眼神，給人不一樣的感覺喲！」

求助的眼神。責備的眼神。

我似乎懂他的意思了。

好好承認自己需要幫助，得先把傲氣放下，知道自己有求於人，這姿態是謙卑的。

倘若無法面對衰老帶來的挫折感，就很容易舉起敬老的道德大旗，用強勢的態度要人讓座。如果每次都有得坐，可以暫時掩蓋體力衰老的挫折感，沒位子坐時，大聲斥責別人，可以感覺自己還有力量。其實這些都是對衰老感的逃避策略。

結論是，如果不想發生這種崩壞，除了要練肌力，也要練心理強度啊！

二、**開始呈現「不負責任」的放棄態度**　好比說一群人乖乖排隊時，他就是要插隊，理由是：「我是老人家，沒辦法等太久！」即使對方說明這裡有先後的規矩，仍然不聽、不顧、不思考，表現出「我就老人家聽不懂」的頑固態度。當然，的確會有因為年紀大了，體力、聽力、理解力衰退而不得不如此的情況，但如果在還沒衰退到那程度之前，就表現成這樣，別人當然會生出厭惡而不是同情。

年輕朋友說這是「濫用老人權」。我小心的聽著，想想這種情況的確不少。除了排隊的例子，有很多頭腦還沒真的壞掉，就「拒絕思考」的「頑固症候群」，抗拒新事物、不想看說明書、不聽人家解釋，於是變得封閉、依賴、完全以自我為中心，要別人配合，對於需要配合別人的，動不動就擺出「我老了沒能力配合」的態度……「都這把年紀，沒必要再麻煩自己」、「不用管別人怎麼想」……

這是一種自我放棄啊！

三、**喪失個體距離的意識**　據說這是「歐巴桑」最通用的特色。「年輕人不會隨便與陌生人肢體接觸。但大嬸好像就是喜歡碰人！」年輕朋友說。

比如，買東西時，會攀著店員的手說：「啊，你幫我推薦啦！要透氣的，要純棉的，因為我皮膚容易癢喔！那你看這個我穿好看嗎？」不管具體說的內容是什麼，總之就是對接觸別人和暢談私事毫無節制。這時，年輕的店員會流露出不自在或想避開的神色，症狀輕微的歐巴桑，這時還知道要收斂（心裡想著：有必要這麼冷淡嗎？），症狀嚴重的，根本看不到別人神色，渾然不覺，繼續黏著。

「如果雙方都對這樣的觸碰感到很自在，連汗水也可以碰在一起時，那一定是兩個歐巴桑。」

我一邊對年輕朋友說：「你這樣講好殘酷喔！」但心裡暗自提醒，真的！一不小心就會變成這樣呢！因為當身體放鬆到一定程度後，自然對於跟人接觸也比較放鬆。

記憶湧現，以前我也曾經制止母親去拉店員小姐的手！那時母親不以為然的說：「我是因為看到年輕店員很親切、很喜歡，才會這樣對她啊！她有什麼好不高興的？」少不經事的我，直接挑戰母親：「這樣很顧人怨啦！不然妳想想，妳年輕時喜歡陌生人碰到妳嗎？」母親想了想，竟然笑了出來，說：「也對！」接著她告訴我關於「我已經不是小姐了」的往事。

「什麼時候開始意識到我已經不是小姐了呢？不是結婚，也不是生小孩喔！我年輕時，還滿漂亮的，即使當了媽媽，對於儀態的自我要求也很高，用你們的話講，就是很ㄍㄧㄥ啦！」

「這倒是真的！」我誠心誠意的附和，不過心裡卻忍不住開始想，那妳是什麼時候開始愈來愈放鬆的啊……

「有一天，坐火車時我看到一對年輕男女，都背著很多行李，在找尋空位。我旁邊剛好有個空位，他們一直沒看到，我很著急，就對他們大力揮手，指著那個空位，他們好像還是沒看到。我就站起來喊：『哎！哎哎哎！這裡有空位！』全車的人都在看我，但我想，找位子要緊，決定不管旁人，繼續叫那兩個人，結果他們看了我一眼，點點頭，就快速走開到另一個車廂去了。我差點還要追過去呢！好奇怪，跟他們說有位子，為什麼不坐呢？」

「妳管那麼多幹嘛？只有一個位子，也許人家是情侶要坐一起啊！」

「對、對，我過了好幾天才明白！那時我猛然想到，我是什麼時候變成這樣，都沒有小姐的矜持了捏！以前我還是小姐時，如果旁邊有個空位，我還巴不得人家不要看到那個空位，因為我不想跟人擠在一起坐。我也絕對不可能站起來讓所有人盯著我看，還大聲嚷嚷。」

如果說，以上三種行為都會讓人覺得「歐買尬，這位歐巴桑！」那我覺得這一種算是最可愛的了。不再那麼介意與人的距離感，只要不太過分，代表著不再冷漠或害怕與人親暱，不完全是壞事呢！像母親那樣，有著熱心助人的厚臉皮，是不是比矜持的小姐可愛？世界上有很多事，都是靠著熱心的歐巴桑完成的，這是無庸置疑的事實！

不過，還是要注意，當臉皮隨著年紀變厚，可能就只在意自己覺得重要的事，對其他人的眼光視若無睹，於是忽略了對他人的同理。

相較於女性，男性長者更容易陷在社會對男性的框架中，擺脫不了指導者和權威者的包袱，無法做到不恥下問，無法擺脫防衛姿態。一生所學所知有限，總有跟不上新發展的一天，如果繼續以高道德、高成就感的姿態，貶低不熟悉的事物，或是情緒性批評新潮流，只會讓人看見過氣的落寞。

做為一個優雅的年長者，真的不容易。要自信，要謙虛，要放下計較，又要謹記分寸。一聲「大叔」、「大嬸」，別人在這句稱呼中送來的是敬重，還是輕蔑，不是年紀決定的，而是我們的所作所為。

變老是嚴峻的考驗，期許自己在重重考驗下，能維持德行，鍾鍊益發光采的人格。

像我阿嬤一樣的歐巴桑

阿嬤還為我藏了一項寶物，那是她以生命實踐的、美好老年的示範。認真的活，活好老好。長輩的自我實現，從未知人生的另一端為我們發送光亮。

「歐巴桑」源自日文，係指大嫂、阿姨、中年婦女等，其義貶多於褒。歐巴桑日常遭受的被嫌惡感，有時會強烈到讓人想起深澤七郎在《楢山節考》中描述的古老傳說，老人年過七十就要被背到山中丟棄，以免消耗家中糧食。厭老加上厭女的集體心態，形成了艱難的處境。

「歐巴桑」一詞的附加意義很多，例如庸俗、囉唆、貪小便宜，一種靠近時會熱熱黏黏甚至臭臭的東西，雖然大多是負面的，不過這稱呼偶爾也能傳遞敬護老人的心意。至於到底是哪一種感覺，喊「歐巴桑」時的語氣至關重要。菜販看到阿嬤緩慢的走進市場，揚聲招呼：「歐巴桑！來啦！今仔日愛啥？」溫暖熱情。咖啡店櫃檯，阿嬤吞吐半天不知如何點餐，店員一句：「歐巴桑！好了沒？」那就是滿滿的嫌惡，想要把人丟到山裡的意圖表露無遺。

日本經濟學人中島隆信說「歐巴桑就是主動放棄女人味的女人」（《歐巴桑經濟學》）。雖然沒有或不在乎女人味了，歐巴桑卻是支撐社會的重要族群，不僅在家庭和各類服務業中擔負大量勞務，在民生消費上也不遺餘力，凡是需要凝聚人心的社會活動，只要有她們的參與就充滿了真實感。

《敗犬的遠吠》作者酒井順子則說，沒有「可愛的歐巴桑」這種東西，只有「可愛的老奶奶」。日本語彙「歐巴桑」指的不是已經全老的婆婆，而是介於年輕女人和老婆婆之間的階段。就像青春期一般，是一個面臨身心劇烈轉化的時期，各方面充滿衝突與不協調感，因此特別不可愛。等到真正成為老奶奶之後，一切尷尬就會消失了。也就是說，要等到度過了歐巴桑的尷尬期，徹底老了，才能回復像少女那樣隨心所欲都可愛的狀態。

根據日本某些熱門網站的調查，例如以年輕女性為主要目標族群的 teens.mynavi.jp，二十歲以下的女性普遍認為四十歲以上的女性就是歐巴桑無疑。可見相較於日本，台灣人會被稱為「歐巴桑」的女性比較老些，是較為接近老婆婆的階段。

不管什麼階段，只要幸運的活得夠久，遲早總是要來。如果有一天人家開始叫我歐巴桑，我會不會跟第一次被叫「大姐」一樣，有那麼多咕噥（那一篇好像寫了三千字，可見心裡多有事）？

樂觀的想，夠老的歐巴桑，或是酒井順子描述的那種老奶奶，豈不是非常理想的人生境界？自由瀟脫，享有少女、美女或熟女無法企及的各種特權，四處都能殺價，史努比也能穿在身上。別人對我們說話時，都會放慢速度、提高聲量、簡化內容，不忍心打擊我們衰退的腦力。因為傳統老太婆的形象實在太遜了，只要能做點不一樣的事，就會得到讚賞，被認為有創意又有活力。難度較低的像是持續運動、經營每日穿搭的ＩＧ；中難度的例如跳肚皮舞；至於高難度的，我還看過一篇報導，描述北歐老人雕刻自己的棺材。本來只有幼兒才能隨便做點什麼就得到讚美，那種飄飄然的自信感，從背上書包上學就一去不復返。長大之後，什麼事做得好都被認為理所當然。經過漫長的辛苦歲月，後歐巴桑時期，將會是再度容易覺得自己很棒的階段吧！

不管他人做何感想，對於歐巴桑這個稱呼，我的嚮往多於排斥。

我是阿嬤帶大的。在我學會她的真實姓名之前，以為她的名字就是「歐巴桑」，因為別人都是這樣叫她的。

我們的寧夏路老屋，常有街坊鄰居來串門，不知為什麼，大家都不使用門鈴，也許比起機械的電鈴聲，扯嗓吆喝更有人味吧！家住二樓，來客總在一樓樓梯門外喊著：「歐巴桑！歐巴桑！妳有佇咧無？」除了郵差，都是鄰里的主婦。熟識的阿姨在長沙發裡，阿嬤坐單人椅上，談話的內容多半是婆媳爭執、孩子闖禍、丈夫身上有奇異的香味……家事瑣事大小事，世代間觀念的衝突，婚姻家庭的摩擦。每個人帶來不同的故事，相同的是一聲「歐巴桑」含帶的信任與期望。人們找尋一個足以信賴的長者，需要經驗和指引。

我喜歡有人來訪時嘹亮的吆喝，喜歡咚咚咚的跑下樓開門。噢！是李阿姨，是黃媽媽。我喜歡在旁假裝玩耍，豎耳傾聽那些大人的故事，似懂非懂的想像被稱為「阮兜老ㄟ」的王婆婆，到底有多刻薄，「沒路用ㄟ」張爸爸，竟然好賭還壞嘴。我喜歡看阿嬤安慰她們，說著：「是啊！妳太傻太辛苦。」偶爾給些聰明的建議。想來我好像見習了不少心理諮商。這些人的身影在回憶中重疊，鮮明的封面是某位阿姨一邊拭淚一邊說著：「歐巴桑！我把妳當作自己的媽媽！」

阿嬤是能夠以德以智服人的老者。她的教養不怒自威，關愛也無微不至。對於一個老人應該是什麼樣子，她有著高度的自持。衣著、言行、思想、禮儀，過著簡樸生活的阿嬤對於如何自重人重，並不隨便。我與阿嬤同生肖差一甲子。相伴的歲月，我日日成長，阿嬤日日老去。從六十歲到九十歲，以前我知道阿嬤給我的是不可計量的豐厚滋養，護我成長。中年之後，面對生命有限、老衰無可擋的各種驚懼，我才知道阿嬤還為我藏了一項寶物，那是她以生命實踐的、美好老年的示範。充滿考驗的人生後半，阿嬤以她親身活出的力量，在我心中繼續護持著相較於她簡直是無用的我。

毫無經驗的我們，憑什麼才能不在老年跟前失格奔逃？上一代的示範，是最堅實的引導。認真的活，活好老好。長輩的自我實現，從未知人生的另一端為我們發送光亮。我不知道我能否做到，在軟弱時，想到自己與長輩差距之遠，更感挫敗。但那光亮始終明確的標誌著深陷迷惑時，我應該面向的地方。

我也目睹了母親的歐巴桑之路。母親是商場上的強人，也是美麗出眾的女性，到了五十多歲，各方面仍然處於領導者的位置。她的蛻變之路，可想而知更不容易。一開始她對於被視為歐巴桑非常抗拒，幾次逛街時，發現百貨公司的小姐都建議一些灰撲撲的衣服，她立刻警覺「是不是覺得我很老」？之後有一陣子特別注意醫美、造型的資訊，也不時想要減重。這一切慢慢的轉變，當母親逐漸肯定自己已經創造過人生的巔峰，心態也跟著翻轉，從亟欲證明「我什麼都還可以」，到坦然的說：「這個我不懂，可以幫我嗎？」她可以自嘲速度緩慢，請別人說慢一點、等她一下。母親有了另一種自在，跨越了初階歐巴桑的尷尬期。

我發現當母親先把自己放在歐巴桑的位置，他人通常變得溫和體諒，熱心協助，反倒是一開始抗拒被看老、打扮盡量年輕、滿想逞強時，常常遇到令人難過的情況。例如，不熟悉新資訊而多問幾句時，店員容易顯露輕蔑不耐煩的態度，但當母親主動說「不好意思年紀大了，不知道現在的新東西」時，店員都會帶著笑容仔細解說。阿嬤和母親的經驗讓我相信，每個人最迷人的一面就是真實的自我，在真實底蘊之上構築的穩定和自信，才能得到他人敬重。接受自己，站上應站的位置，別人也就能好好對應。

為了成為美好的歐巴桑，從年輕時就要認真生活。需要累積各方面的智慧，鍛鍊體魄，培育興趣，也得攢存基本的財富，否則在變老的過程中，可能無法安然度過種種考驗，一旦失去從容，怨忿自憐，就無法美好了。

阿嬤快九十歲時仍每日讀報看新聞，不懂的事便找書求解答，每天快走操場十幾圈，洗澡、洗衣不曾假手他人。這是她從年輕便持續操練的身心能力。阿嬤一生節儉，有點積蓄，晚輩來訪，她開心便發送紅包，非常符合行為誘因的心理原則。阿嬤不是唉聲嘆氣、疾病纏身、等待被照護的悲苦老人，負擔這詞跟她從來扯不上關聯。也許這是不可預測的命運，她只是特別幸運？但我所見的阿嬤並非坐享其成，而是從數十年前，就有想法的預備著老年。

阿嬤九十歲時，應該三十而立卻常感覺踉踉蹌蹌的我問：「阿嬤，人生的意義是什麼？」

「每天做該做的事，吃該吃的飯，盡該盡的責任。」

「就這樣？」

「對啊，不然還有什麼。對了，今天晚餐要吃什麼？」

每天，什麼是該做的事，什麼是浪費時間，我還沒有十足的篤定。該盡的責任，我還有許多扛不起的，依賴著身邊的人。只會吃飯的我，希望憑著母家的典範，慢慢成為跟阿嬤差距不要太大的歐巴桑。

輯二

家庭上下

人間父母

心中冀望的父母，都如神性完美。
世間相依的父母，人類而已。
你我皆是。

談到家庭，現代人真是無所適從。傳統的觀念，君臣、父子、夫婦之道，許多人仍奉為圭臬，許多人卻早已揚棄，追求個人主義。彼此相處時，一方期待奉獻，一方重視界限，總被誤解傷害。掙扎著到了中年，漸漸能夠駕馭夫妻問題、親子衝突，猛然發現新的考驗又來了。這次的比以往更艱難——當父母逐漸衰老。

有讀者詢問：「我為什麼要照顧父母？」留言下面有不少網友同感附和。本來，承受父母養育之恩，父母老衰，盡力圖報，是自然不過的事，何以有此疑問？原來這位讀者的心情是：「以前給我很多傷害，現在老了又要我照顧。我是否一生都要被父母糟蹋光光？」

如果「天下無不是的父母」，事情會比較容易。不過人們愈來愈難單純的這樣想了。完整的心理療癒應該能讓人們從認識傷痛、哀悼、走出傷痛，再到自我整合，活得圓融滿足，平安喜樂。但許多人這條路只走了一半，聽了一點關於成長創傷的理論，覺察到自己所受的心理創傷，就卡在那裡，被大量湧出的痛苦和憤怒淹沒，無法釋懷。想著童年時父母的粗心對待，或是忽略、斥責、壓力、羞辱，為人子女若對父母含怨，當父母年老需求照護，便要承受巨大的心理矛盾，心中反覆吶喊：「你欠我的還沒給我！現在竟然要我給你？」

人們奮力的打破各種枷鎖，如今「必須」愈來愈少了。願意拿出中年時間陪伴父母老去的人，不再是因為孝道的公理，而是因為與父母之間的私誼。那麼，對父母懷有心結的人所感到的矛盾——棄而不顧則愧疚難安，親事湯藥又深感不平，這是因為心中存有孝道觀念，但個人意願與孝道相違，產生心理衝突？或是，所謂「個人意願」本身就難以釐清，對父母其實是愛恨交織呢？

像前述讀者一般，坦然面對感覺，承認自我矛盾，並不是壞事。許多人避開照顧父母的責任，理直氣壯的說自己工作忙、家庭忙，自幼父母就偏愛其他兄弟姐妹，現在理應由他們最偏愛的人回報……並不去感知心中的矛盾。而明明對父母心懷不滿、卻比常情更拚命照顧父母的人，每日持續累積「父母虧欠我」的感受，不斷強化「我真是至情至性的好孩子」的自我感，最後盤旋在心中的，到底是期待父母發現「我錯待你了！你是最好的女兒（兒子）！」，還是在自虐中把父母變成徹底的壞人，一種同歸於盡的心碎呢？

有位五十多歲的女性，和父母同住，從來沒交過男朋友，四十歲就辭去工作，全職在家照顧慢性病纏身的父母。談起人生，她說自己這輩子就是來當女兒的。「別人的人生有遊樂園的全票，愛情、婚姻、事業、孩子，什麼都能玩。我的是單項票，只能玩一樣，就是我爸媽。」

「覺得遺憾嗎？」

「不，我不會說是遺憾。沒玩過的，連是什麼滋味都不知道，我連要遺憾什麼都不知道。」

不曾擁有，如何失去。她無法遺憾的，變成憂鬱。一次一次的談話，她盡力讓我了解她唯一被允許的經驗——做女兒，陪爸媽。「起床，做早餐，幫忙爸媽盥洗，服藥。買菜。讀書給爸媽聽，做午飯。記得給爸媽服藥。收拾碗筷，安頓爸媽午睡。洗衣服。做晚餐。聽爸媽說話，協助洗澡。收拾廚房。睡覺。」規律的日常，偶爾的變化就是帶父親或母親看醫生，或是夜裡起來處理爸媽的問題。這樣的日子，父母並不開心，時常抱怨。「我爸媽都是很自我中心的人」，她說從沒得過讚賞，「所以特別聽話，沒敢使壞。」

她相信，似乎也要我相信，她的人生將一直如此，到父母離開。就算父母離開，她也沒有機會再做什麼，「那時，遊樂園也打烊了。」

有一天，她竟然說要搬出去了。

距離上次的談話才一週。

「我知道妳在想什麼，沒事啦，我父母沒有同時暴斃。」她自嘲著調侃我。以為不會發生的事，竟然簡單的發生了。原來是因為一場不大不小的地震過後，她家客廳的牆面出現一道裂痕，師傅看過之後，建議重新粉刷。「就整間刷吧！幾十年了。」爸媽說。然後他們開始選顏色，媽媽想要天空的淡藍，爸爸想要安靜的淡灰。爭論了幾天，他們決定照舊漆白，誰也不吃虧。

「油漆工來了，刷著刷著就漆好了。」她學著工人的動作。「然後我突然想到，搬出去住。就這樣吧！」

「沒人問妳想漆什麼顏色嗎？」這是她的心情吧？我想想，這話就不需要說出來了。

就這樣吧！

療癒專家掛在嘴上的「與父母和解」，到底是什麼意思？和解什麼？父母願意和解嗎?有次我激怒了母親,得理不饒人,母親厲聲說道:「就算我哪裡不好,妳也要接受。因為我是妳母親!」那時我感覺很失望,心好像裂成碎片,但不久之後卻發現,我從尋覓和解的迷霧中,回到明朗的自由大道上了。

「就算我哪裡不好,妳也要接受。」我不也是這樣想的嗎?

「因為我是妳女兒!」

如果不是有著同樣的堅持,我為什麼會老是跟母親衝撞呢?

母親啊!妳我想要的,竟然如此雷同,就是彼此無條件的愛和認可。那我們還有什麼不能和解的呢?

靜靜看著油漆工粉刷、爸媽吱吱喳喳爭論的女兒,經歷了什麼呢?她想要淡藍還是淺灰,少女的粉紅,異國的墨綠,或者始終就是自幼家裡那一片白?

傷害是什麼？父母傷了我什麼？到底是誰說，又得誰同意，父母就該給我夠好的呵護？

無助的小孩，那麼容易被父母傷害的脆弱心靈，你我都從那裡開始。要兒子妳卻生做女兒的，要聰慧你卻笨拙的，要嘴甜你卻固執的，要博士你只有玩世的，要子孫圍繞妳卻嫁不出去，要鵬程萬里你卻賴家一輩子。不滿意的父母，以及沒有肯定、支持不夠、不知如何長大的小孩。

不知如何長大，終究還是長大。可惜長得自己不滿意，自覺信心不足、智慧不高、勇氣不夠，都怪父母摧毀過我的自信，否定過我的探索，剝奪了我的安全感，我才變成這樣。對自己愈不滿的，愈需要父母肯定。討不完的債，愈討愈窮。

是的，你受過傷。所有勸你放下的人都惹你惱怒，你覺得他們都比你幸運，他們的父母都沒你家那兩老失職。你好孤獨，是嗎？

再試一次，一次就好。回應這個小小的邀請：

回憶你還不能行走之時，那稱為父母的，有沒有一次將你抱在懷中。飢渴時，有沒有一次哺餵。嬰兒糊爛的便溺，是誰還你屁股乾爽的自尊。夜裡被陌生的世界驚嚇，你曾經吵醒誰。

一次就好，一次。將你抱在懷裡，相信你是幸運的天使。一次就好，一次，餵你滿滿的乳汁，想像你長大的樣子。一次就好，一次，不覺你的穢物臭，不嫌你的哭聲吵。一次就好。一次。

你真的覺得，那裡從來沒有愛過？

真的沒有嘗過被愛的滋味，還是嘗過知好，恨不能多？

父母缺損的羽翼，仍為孩子遮過一角天。但孩子對父母期望至高，人間父母，永遠不足。

經歷巨大成長創傷的人，需要特別的修復歷程。大多數人需要的，是從對父母的抱怨中，看懂彼此對於完美之愛的期望。期待父母更了解我、更支持我，鼓勵我追逐夢想，讓我按照理想選擇人生，那些沒有做到的父母，如果沒有讓子女流落街頭、孤苦無依，公允的說，他們的罪名，不過是無能、愚昧、粗魯、心理學分不及格。深陷於對父母不滿的子女，也深陷於對父母的渴求，以為只有取得父母的愛與肯定，才能脫困。這恍若嬰兒的依賴狀態，荒謬而沉痛的變成與父母之間永遠的鏈結。以為是父母不允許自己獨立，其實是個人執著於與父母的鏈結，哪怕是痛苦的也好。

與父母之間，蓄意傷害與不完美總是被混為一談。父母只是凡人，能力有限。這看似合理的一個點，卻一輩子參不透。身為父母，不代表就有智慧圓熟的人生觀，偏頗狹隘的人比比皆是。當父母督責孩子「一定要唸好書」、「不要交那種朋友」、「一定要賺錢」，將他的人生觀套用在孩子身上；或是因為個人的焦慮，要求孩子無條件順從、限制孩子的發展，這些行為，的確會傷害孩子的心靈，但這與仇家的加害不可相提並論。不讓孩子失望的父母，不僅需要擁有當代正確的人生觀，還要在二十年前預知下一代的潮流，給予正確的滋養，保證孩子長大後不會覺得成長過程缺少什麼。那樣的遠見，豈是常人能有？

小時忙著應付各種挑戰，好不容易成人，開始結算父母的疏失。費盡唇舌，爭辯不休，結果天下有幾位父母同意成年子女的心聲，反省「我真是差勁的父母」，而不是搖頭感嘆「養這孩子怎麼愈大愈不懂事」？到了中年，還要抱著這本親子帳多久呢？看清自己事業、家庭、人際的挫折，還能躲在「父母搞砸我的人生」後面多久？

我在醫學中心工作時，常常看見老年病人與家屬的爭執。父母心臟都快跳不動了，子女卻急著釐清某件往事；子女費心照料，父母還在提點工作婚姻，說什麼不然死不瞑目，或是不要你照顧的狠話。總說每人心中都有一個內在小孩，這些老父母和成年子女的相處，就是一群小小孩，為了誰對誰錯在那認真的打架。

父母的老病，帶來沉重的照護責任，也喚起失去父母的恐懼，這時一直提醒自己「他以前沒有好好照顧我」，會不會是抵擋焦慮的一種防衛？外殼早已變成中年，思維卻還是幼小的小孩，薄如紙片、一戳就破的自尊，配備只有賭氣、抱怨和逃跑的初階功能，好辛苦。

連我們都到了人生的下坡前，在坡底的父母還能怎樣呢？在意的那些事，現在的我，都能做得比父母好嗎？如果可以，何不恭喜自己成為一個更好的人，那父母也無過了。如果自己也做不到，何不寬容些，心中理想的父母，太過完美，原非常人可及。別再期待父母變得更像父母，也是讓自己解脫。為難父母，更是為難自己，還不如面對現實，找出實務的方法。如果棄父母於不顧會讓自己愧疚，就拿出成人的智慧，當一件任務，好好處理吧！

規劃一週中有多少時間要陪伴父母，估量自己有多少其他要務，也估量自己的脾氣，不要做到煩躁崩潰。盡力規劃了，就要心安理得。父母不見得滿意，可能抱怨你不孝，試著容許他們失望，只要穩定的出現在他們面前，開心甘願的做決定要做的事就好。不要在愛恨中愈做愈多，不要試圖彌補失望或找回公平。面對疾病與死亡的威脅，父母的情緒可能超出子女能承擔的極限，盡力了解父母正在經歷的困難，也為自己的情緒設下閘門，超出負荷時，容許自己宣洩，或者抽離喘息。

心中冀望的父母，都如神性完美。世間相依的父母，人類而已。

你我皆是。

要做
就不要唸

付出不是交易，既然付出，就要知道不能問回饋。如果無法說服自己放手，就徹底認領自己對這件事、這個人的在乎吧！

希望是生命的動力，失去希望就如槁木死灰。中年危機最可怕的就是被無望感吞沒。我覺得最無望的中年人有兩種，一種是堅稱「我什麼都懂」、「我不需要你」；另一種是整日哀嘆「我好可憐」、「可是我不得不做」。

我特別希望不要變成第二種人，勞碌又討人厭。

最早有這感觸是因為我的母親有一種「扛大鼎」的個性，舉凡交朋友、做生意、養育子女、照顧老人，甚至只是去運動，不管到哪裡，她都會變成獨力打雜者。

打雜跟總管的差別是，總管有權力，大家都巴結；打雜的出錢出力，卻老是被忽略。常見母親氣呼呼的說：「為什麼都是我在做？」

從我算得上半個大人開始，我們就不斷重複以下對話：

「妳覺得為什麼都是妳在做？」

「因為他們都閃遠遠的！」

「那妳為什麼不閃遠遠的？」
「沒人做，事情怎麼解決！」
「那為什麼不拉他們來做？」
「他們做也做不好！」
「……」
「為什麼都是我在做？」
「……」
「為什麼都是我在做！」

做了多少事，別人不見得有感覺，抱怨一句，別人都覺得被她欺負。這種事太常發生，給不了好答應，我也遭殃。有次情急，不知哪來的靈感，我突然迸出一句：「要做就不要唸，要唸就不要做！」講完我也嚇了一跳，心想這下慘了。沒想到母親卻冷靜下來。日後，鼎照扛，抱怨照抱怨，不過抱怨夠之後，她便自嘲的加上這句，算是個結論。不等我回答，繼續去做事。

前幾年，這熟悉的對白又出現了。不過，瞪著牛眼大聲嚷嚷「為什麼都是我在做」的，是變成家庭主婦的我。母親淡定聽著，等我嚷到沒力時，再把我的得意結論還給我。

「不是妳跟我說的嗎？要做就不要唸，要唸就不要做！」

知道容易，輪到自己時卻做不到。

「等妳夠老就做得到了。」母親輕鬆的說。

夠老，是什麼意思呢？

王媽媽搞不懂稅務的稽徵所和稽徵處，為了一張單子跑了三個地方，她說：「老了。」李姐舊屋的水費突然暴增，師傅來看卻說沒有漏水，想要再找人也麻煩，就丟著，她說：「我管不動事了。」

和手足共有的財產，從來不覺得需要言明權責劃分，交到下一代手上之後，卻發現少了平息糾紛的白紙黑字。分不清臉書上的資訊是新知、廣告還是詐騙。超市太大，走到結帳區已經會喘，一次多買點，提回家之後筋膜裂傷，醫生說要開刀。女兒說需要人手帶孫子，盡力幫忙，卻老是記不住他們育兒的新奇規定。

大的、小的，上的、下的，連自己的事都快要應付不了。到這樣的時候，只能保留生存必要的任務，其他事情不管多想扛、多習慣扛，不得不大幅捨棄。這時候如果還願意為別人做什麼事，一定是因為對那個人或那件事有著「非如此不可」的深度執著，不做就對不起自己。如此說是為了別人，也是為了自己，已經分不清了。

一定要老到這樣，才能停止付出與獲得之間的爭執嗎？

抱怨底下，通常存在著不想承認的東西。

例如，責任。

那些「為什麼都是我在做」的事，如果自己真的沒有責任，做起來算是布施，收手也不會有人責怪，真有人責怪，誰都知道是對方得了便宜還賣乖。就像被野狗追著要吃手上的肉包，逃掉就好，不至於揪心。

麻煩的是，那些會邊做邊抱怨的事，到底自己還是有一份責任。如果其他一同擔當的人努力些，自己的一份不會如此沉重。看到其他人那麼輕鬆，獨撐的人免不了懷疑自己太傻。與別人共有的責任，最容易生出矛盾。古有明訓，三個和尚沒水喝。因此，子女多的父母，若不懂得按捺孩子之間的比較心態，老來可能比只有一個孩子的更無依靠。

除了責任，還有欲求。

抱怨者總說自己被迫如何如何，卻看不到自己藏在抱怨背後的欲求。最初本著一股熱忱，把責任擔了起來，卻沒想到事情那麼麻煩，而且一旦扛上就難以脫身。自我保護的警鈴開始大響，一邊做一邊發慌：身體會不會累壞……我是不是犧牲太多……

然而，有自憐的念頭，不代表有袖手不管的勇氣，於是心裡就生出了一種交換的期待——我做了這麼多，其他人應該補償我的損耗，給我對等的回饋！這時，內心的欲望就順勢湧動，有人要肯定，有人要感恩，有人要愛，有人要錢，有人只想要別人的愧疚。萬一得不到，便理直氣壯的怨恨。

從來沒有人承諾得不到的愛可以用勞苦換得。愈缺乏愛的人，愈容易一廂情願的啟動這種交易，然後落得虧損破產。任勞容易，任怨難。借錢給人很容易，討債時沒人不恨債主，情義和金錢的付出都是一樣的道理，還是避免成為家人朋友的債主為宜。

付出不是交易，既然付出，就要知道不能問回饋。所以千萬不要輕易做自己不能甘願的事情。

如果無法說服自己放手，就徹底認領自己對這件事、這個人的在乎吧！接納自己的執著，別再責怪自己太傻，承認這就是我要的。沒有人拿刀逼我煮飯、打掃、照顧老人、伺候小孩，逼人的是自己信仰的價值。做人應該如何，做子女、做母親應該如何，在奮力追求的價值與避之唯恐不及的淪落之間，我們都有自己的信仰，只是不夠堅定。少做了良心不安，多做了不甘吃虧。怎樣算多，如何算少，訂不出自己的絕對值，只能和他人的付出對照比較，結果永遠都在不安心與不甘心之間擺盪。

都幾歲了，可不可以做自己，不要再比了？

你說，我知道啊！所以我才氣他們把事情推給我，害我不能做自己。

不，你不知道。

抱怨別人害了你，這樣就能開始做自己嗎？

你想做的自己是什麼？

做自己，必須不斷在各種兩難之間選擇要與不要、該與不該。既是自己的選擇，該為此負責的也只有自己。

但我們往往不是如此。道德也要，私利也要。便宜想占，美名愛享。悠哉該我，功勞也要屬我。遇到無法選擇的局面，就跟著感覺走，任意做了傾向其中一端的事，當另一端的需求反撲時，就抱怨別人，說自己被迫無法做自己，其實是無法兼得想要的東西。有這種心態時，總覺滿腹委屈，無人了解。而別人一眼就能看出這種矛盾，對於無法在矛盾之間選擇的人，無論如何勸說，都是白費工夫，所以別人很快就會閉嘴走開。分析別人的問題很簡單，誰都會說「人生不可能兩者都要」，但看自己就不這麼容易了。

自己決定要做的才做。凡事既是自己願意，就無需抱怨。這樣的精神不是很清爽嗎？為什麼我們不能過這樣的人生？

也許是因為決定太難。關於願意或不願意，答案總是附帶太多條件。此刻覺得不願意，也不代表不會改變。又忙又累時，就想丟掉一些負擔，可是之後又想，這樣對嗎？丟棄這些，是為了騰出時間心力，做更有意義的事？還是因為這件事總是做不好，想要避開它帶來的挫折感？例如，各式各樣關於責任的抱怨中，家庭照護，特別是父母公婆的照護，引起的抱怨最為難解。身為子女媳婦的，未必是想取回心力挪作他用，而是因為無法處理近身接觸衰老、疾病、死亡時，被擾動的深層恐懼。如果不認識自己的恐懼，就無法釐清自己究竟是不願意照護，還是害怕照護。

我經常遇到辛苦照護長輩而形容憔悴的女性，振振有詞的說著「現代女性不需要照護公婆」，事實上卻不容許自己少做一分。勸她們跟家人重議分工，她們頻頻點頭，可從不嘗試。談深了，才懂得她們最需要的還是無愧於心。不忍輕易割捨牽絆，她們盡力尋找技術和方法，希望把困難變得簡單，讓家人皆大歡喜。

有位過來人說：「我只想把能力變好，那麼，做不來的事就會變少。」我問：「妳不介意能者多勞嗎？」她說：「有能力，頂多是辛苦，不想做時可以收起來。沒有能力，想做時做不來，那是痛苦。」

這種執著，不也是人情的可貴？

清爽的選擇也好，牽絆的執著也好。能夠誠實面對自己的人生，抱怨都會減少吧！

如果歷經一番掙扎，真的做不來和不想做的事，人生後半場不願攜帶的包袱，就毅然割捨。這是需要勇氣的！開始改變承攬責任的習慣，周圍的人當然會反彈。「從今以後，我不再做這些」，這樣的態度宣告可能引起家庭風暴，家人不諒解，混亂的局面激發罪惡感。外界的指責將一次又一次考驗我們的決定，修正、重複、再修正，直到確信自己。

原本以為會失去的，不見得會失去，例如家人仍然親愛如昔。原本以為會毀滅的，不見得會發生，例如某位手足可能在舊的擔當者退席後大幅發揮潛力。但最好還是做足心理準備，知道自己改變之後，可能衍生遺憾或憎恨。立下一個觀察標準，如果糟到一定程度還沒有出現轉機，自己也無法心安，那時再回頭獻身也無妨。

總比持續抱怨而不做任何嘗試好。

有回我在廣播節目談到這個議題，聽眾問：「愛做又愛唸，是不是就叫情緒勒索？」

我想，每個人對此自有定義。幼小時，我的確覺得愛做又愛唸的母親是在呼求著什麼，對於那充滿情緒的呼求，我不知應該給予什麼，因此倍覺無能，倍感壓力。經歷過做與唸的輪迴，對於這些，我不再看到誰向誰強索什麼，只見每個人都在他人與自我的需求之間，用昂貴的代價試圖尋找，那個小小的、可以活下去的立足之點。

為自己做選擇

全面認領、再重新開放的自主選擇，可以啟動達成目標的力量與決心。

「別無選擇」，在大多數的情況下，是某些出路被心結塞住了。

經常幫別人做選擇，自己卻是逆來順受，不奢望能選擇？

當我們覺得某些事別無選擇，不得不這樣做但又不開心時，不妨給自己一個機會，確認是真的只有這條路，還是一種習慣性的無望感。也許因為過去的經歷太挫折，讓人失去信心，因此對於生活中的糟心事，總是責無旁貸的承受。其實除了像是暴力、生命財產威脅之類的嚴重情況，大部分的日常事務以及人際關係，可以選擇的往往比當事人能想像的多。

什麼樣的過去會讓人相信「人生別無選擇」呢？在心理治療工作的實例中，常見成長過程中受到權威式教養的，例如不聽長輩指示就會被懲罰的人，成年後覺得自己做什麼都是「別無選擇」。幼年身心力量未足之時，被強勢規範，久而久之就形成「不能不順從別人意願」的心態。這不只是乖巧，而是喪失自我意志、過度順從的人，無法對人生做出自我承擔的選擇。反正一切都是別人要的，人生不是我的，不由我選擇，也不用我負責。

上述原因是「壓迫」，還有另外一種對應的狀況，也會加重無選擇感，那是「壓抑」，壓抑自我，不能認領自己的需求。當一個孩子本能的表達需求，想多吃點、想買玩具、想睡久一些……但卻被奚落或被玩笑般的拒絕，他會感覺受傷，如果經常這樣被對待，他將學會把需求藏匿起來。需求仍然存在心底，可是因為害怕被拒絕，只能改用其他方式追求滿足。這樣的孩子長大之後，無法直接表達需求。例如，想得到肯定時，他不爭取、不要求，消極被動，甚至自虐般的做一些人家其實也不需要的事。他內心的劇場是：我要求什麼一定會被拒絕，那我就逆來順受，等你看到我的好吧！

如果過去的經驗讓我們相信被拒絕的可能性很大，內心不得不採取自我保護的措施，為了避免失望受傷，只好禁止自己有所期待，如此便會陷入「我什麼都無法改變」的人生。

人們的選擇常常是在不知不覺中做出來的，對於如何選擇以及有沒有更好的做法，並無覺察。有時我們難以承擔自己想要的選擇會帶來的後果，擔心做自己想做的，可能會失去別人的肯定，可能會失去愛。有時雖然別人沒有逼迫，自己無意識的做了抉擇，但因某些內心衝突，老是覺得這不是自己的選擇。

例如，年輕時在職業的選擇上，一方面覺得傳統職業這條路不適合自己，但又很在意世俗評價，最終還是選了這種四平八穩的工作，但始終沒有解決內心的矛盾，每次工作不順，就對自己的「世俗」面生氣。對自己生氣是一件很難受的事，於是就開始想：我會做這麼窩囊的選擇，為五斗米折腰，都是為了父母的期望，所以是父母害我無法做我想做的……總之就是，做了選擇但不認為是自己的選擇，或者認為「兩種選擇都很差，等於沒得選擇」。

有人說：「當父母年老，因為我是離他們最近的子女，我只能接手照顧，別無選擇。」

這位朋友沒有選擇棄父母於不顧，她選擇了照顧無依的兩老，這不是別無選擇，而是她選了兄弟姐妹都不願選的，善良孝順的做法。說她別無選擇，其實是低估了她勇於承擔的心意。

有人說：「為了婚姻和諧，我毫無選擇只能容忍婆婆。」這也是「沒有選擇」，還是「選擇」了婚姻和諧，而這選項附帶了容忍婆婆的對待？

不管做什麼事，感覺情願才能感覺值得。如果帶著別無選擇的心態，再怎麼辛苦也無法換來滿足感。

既然做了，如果換個心態，肯定的說：照顧父母是我的選擇，維持這段婚姻是我的選擇，會不會有所不同？

記得自己原本可有不同的選擇權，然後為自己想清楚，為什麼我做了現在的選擇？以及，我可不可以改變選擇？

我是否背負著「害怕失去」及「渴望得到」的雙面枷鎖？害怕失去家人情誼，又害怕愧疚感，渴望符合社會的期待，渴望肯定，所以才決定扛下照顧責任？所以決定維持婚姻？

這就是我做此選擇的原因。我做了選擇。未來，我可以不怕我原本害怕的嗎？我可以不渴望原本渴望的嗎？我能採取不同的做法嗎？

全面認領、再重新開放的選擇權，可以啟動達成目標的力量與決心。「別無選擇」，在大多數的情況下，是某些出路被心結塞住了。

「我的人生不是我能左右的」，如此無望的心態，肇因於心理創傷，接著癱瘓個人的潛能與動力，繼續加深創傷。這無異於分分秒秒在對自己催眠：「這不是我要的」，因此很難做得好，做得再好也不覺得有價值。

別再被動的望著一切，日復一日，不改變也不享受。

如果所為並非所願，我們就必須改變，重新拿回人生。坐上人生的駕駛座，相信我可以開往想去的地方。為自己做選擇，與自己的選擇同在，活出自己。

以上我想表達的是，我們應該認真對待自主意識，改變不情願的人生。但我也必須強調，有些特殊的情況，並非加強心理強度就可以克服，需要社會的共識和外部的支援。

例如，有位女性，丈夫對她有家暴行為，她想離婚，但她覺得自己只能留下，別無選擇，因為提離婚的話，丈夫一定會打人。她說，沒有任何朋友願意陪伴她。因為朋友也怕惹事，怕得罪她丈夫。

如此處境下的女性，能如何拿回自主權呢？她能不能有更好的權益？

丈夫不尊重妻子又不放手，不是出自對妻子的在乎，而是無法承受被拒絕。

她說：「我老公覺得屬於他的東西，絕不能丟掉。所以當初他追求我、到交往結婚，我成了他手上的東西，如果我要離婚，就好像在否定他、不尊重他。」

有人勸她：「既然不可能離婚，是否可以針對丈夫想要被尊重的心態，做一點讓他高興的小事，讚美他之類的，看看日子會不會好過些？」她想也不想的說：「他對我這麼壞，我才不要。」

她和丈夫的相處已陷入惡性循環，丈夫忽略她，而她也以不滿的態度回應。處境艱難，但她仍然清楚的想要離婚，拒絕卑微討好，這是她不被摧折的自主意識。但如果沒有社會整體的支持，她就無法擁有行使自主意識的安全基礎。她只能「想要」離婚，被威脅，然後放棄離婚，活在恐懼與絕望中。

加拿大作家瑪格麗特・愛特伍（Margaret Atwood）的小說《使女的故事》（*The Handmaid's Tale*），曾改編成電影和電視劇，書中描寫的女性真的是別無選擇，讀來讓人戰慄。故事發生在一個未來的年代，環境污染使人類變得不易受孕，政局變動時，國家通過了新的法律，把有生育能力的女人集中起來，繡上符號，分發到高官家中替他們繁衍下一代，這群女人被稱為「使女」。

她們必須在高官妻子的監視下與高官性交，她們被擺放在高官與無法生育的妻子身體中間，就像男人通過使女與妻子交媾。每個使女生完一個小孩，就會改名再投入另一個家庭進行任務。那是一個女權失落、女人流落成子宮工具的環境，小說設定在未來，警示時代前行，人權卻可能倒退。

女性的地位和人權，在過去幾十年來提升了許多，但別忘了，只要一些意志上的鬆懈，女性奮鬥所得的空間還是可能再度被剝奪。

伊朗的女性並非一直都必須蓋上頭巾、遮掩自己的樣貌，其實在上個世紀的六、七〇年代，她們也穿著嬉皮的打扮，街頭上輕易可見迷你裙、背心、低胸服裝，但在一九七九年伊斯蘭革命後，保守黨勝利，社會快速回到解放前的狀態，女性重新戴上頭巾。我看著報導中的七〇年代伊朗女性，眉眼如畫、衣著入時，那種理所當然的自由後來竟然會消失，我感到深沉的恐懼。比起開創女權的上一代，現代女性似乎更加迷惘，如果我們不能堅持真正的自主，也可能再次丟失女性整體的地位。

最近，有位具影響力的政治人物，說出「女人應該去服照顧役」，他說，照顧役如同兵役，他建議把女人集中起來訓練，送到各個家庭照顧小孩，而女性如果有生小孩，就可以抵扣免役。我聽了大為詫異，接著深自警惕，這說法發生在我們居住的地方，使女的寓言，離我們並不遙遠。

由於歷史的共業，由於女性身心的特質，包括但不僅止於生殖這關乎人類存續的大能力，身為女人需要面對的為難，一直都會存在，性別平權的革命，沒有完成的一天，隨時可以倒退。如果我們再因循軟弱，在害怕失去與渴望得到之間，不敢思考超越，有選擇時不勇於擔當，未來會不會真的沒有了選擇？

婆媳心結
夫妻解

回顧婚姻中的心路歷程，有問題的是夫妻對應，公婆只是所有共同責任中的一環。那是一種跟丈夫之間有言或無言的協議，基於情感、也基於現實的平衡。

照顧是中年人的重要課題。父母老去而衍生的問題，往往打亂中年的計畫。特別是女性，長期被視為主要照顧者，她們可能是長者的女兒，也經常是媳婦。當家中老人逐漸或突然喪失身心能力，而家人卻未及計畫，一片慌亂，女人便責無旁貸的擔起照顧者的角色。由於身心的疲累，許多照顧者自己也成了病人，最常見的就是心身失調的焦慮症、憂鬱症等。

愁容滿面的媳婦哀嘆著：「為什麼照顧公婆變成我的責任？我自己的父母都沒時間照顧！」

如果只用邏輯思考，難免在這個問題上陷入困惑：「公婆」是丈夫的爸媽，承其養育的是丈夫和他的兄弟姐妹，論回報、論照顧，當然是要由他們負責，關媳婦什麼事……

那麼，為什麼有人可以心平氣和的服侍公婆呢？

請教能夠協力照顧公婆的夫妻們，就會發現，他們思考的路線並不是「媳婦要不要照顧公婆」，而是「我們家有照顧老人的任務需要完成」。也就是說，共同組成的家庭，存在著照護老人這件事。家裡的事，當然要由夫妻兩人分工合作，照顧老父母就是一件大家務。與其糾結著：「公婆又沒養我，我為什麼要照顧他們？」不如想想：「跟老公之間的家務分配，出了什麼問題，為什麼讓我覺得如此委屈？」

被我們唾棄而努力顛覆的那種舊時代的性別分工，丈夫負責賺錢，妻子負責家務，事情「看起來」好像很簡單，其實是因為女人被剝奪了職場的選項，又面對強勢的輿論壓力，心想生活都用丈夫的錢，不能不用力操持家務。那時的夫妻通常會達成共識，只要是在屋子裡面的需求，都由妻子負責滿足，吃飯、穿衣、打掃，以及照顧家人，全部包括在內。

現在的夫妻，怎麼可能不溝通就相安無事的沿用這種模式呢？愈來愈多人對照顧公婆產生猶豫，反映的是夫妻相對處境的改變。台灣女性的就業率超過五成，加上兼差、半工時的，大部分女性都不像上一代可以全心處理家務。女性投入職場，許多不只是為了個人成就，而是她們的家庭需要這份收入。

進入職場的已婚女性並未從家務中脫身，近年內政部委託學者進行的調查顯示，台灣婦女平均一天要花二到五小時處理家務，其中時數較少的多為單身。已婚又有工作的婦女，各個都要三頭六臂。家中有健康小孩和老人的女性，每天隨便也要花上三小時處理家務吧！如果老人有功能退化或疾病問題，職業婦女的負擔顯然是超出常人的能耐。

不靠丈夫吃飯，少了一份「應還」；貢獻薪水，多了一份「已給」。「家務本來就歸女人」的傳統協定，當然行不通了！於是，包括照顧老人在內的家務，應該如何被處理，夫妻的分工必須回到桌面，重新協商。以「順其自然」為名，忽略事實的丈夫和任勞過勞的妻子，面對的將是婚姻危機。

性別平權的時代，照顧公婆是夫妻關係的問題，而不是道德問題。當妻子與丈夫的分工失衡，負擔任務的一方無法感到自尊與滿足，就需要重新議定分工與回饋的模式。如果一對夫妻能有共識：「照護雙方父母的責任，是我們需要共同完成的家務之一。」當妻子負擔較多照護老人的工作，丈夫就該在其他方面多負擔一點。平衡雙方付出與回饋的方法很多，就算沒空做家事或不能多賺幾分錢，也可多說幾句感謝的話。可惜許多人無法用這樣的觀念看待夫妻與家庭，分工失衡時，什麼都不做，也不表達情感，拚命的用倫理道德壓制抱怨的一方，家庭當然會失去溫暖。

讓女性不滿的另一個原因，是丈夫對於妻子娘家的關心太少，大幅少於妻子對婆家的照顧。女性常說：「老公並沒有分擔照顧我父母的責任，為什麼我要分擔照顧他父母的責任？」當女性因為照顧公婆而疲累不堪，無法按照自己想要的方式過日子時，不免質疑：「為什麼丈夫不用照顧我娘家父母呢？」

我身邊的朋友，大多從介紹男友認識爸媽的那一天開始，就自動免除男友對自己爸媽應盡的責任。每次吃完爸媽招待的飯，「不用收，我媽會罵我怎麼讓男人收碗。」婚後，偶爾回娘家一趟，屁股都還沒坐熱，就說：「爸、媽！他還要加班，我們先回去了。」為什麼要這樣說呢？因為老公在娘家那種把無聊寫在臉上，不熱衷也不應酬的臉，看了有夠討厭。敦促他跟爸媽多聊聊也沒用，引用某位姐妹的名言：「要叫老公跟爸媽聊天，就像要狗跳芭蕾舞一樣。」為了結束置身這種情境的尷尬，女人只好在憤怒淹到嘴巴之前，自己站起來說：「回家吧！」

久而久之，丈夫對於娘家人事物就愈來愈置身事外，根本就覺得沒事，而不是老婆替他免除了什麼事。等到他自己的父母有事需要徵召時，他理所當然的希望老婆分擔，當老婆議論「不公平」時，他們不是假裝不懂，而是真的不懂！許多還大言不慚的說：「妳怎麼這麼見外？妳爸媽有事的話我一定會幫忙啊！」連娘家沙發是什麼顏色都說不出來，能弄清楚丈母娘吃什麼藥才稀奇。

中年女性談起這糾結，懊悔過去幾十年的方便行事，如今已經無法跟丈夫釐清因果，「若是有機會重來一次，從一開始就應該挺住，不管老公臉多垮，都不要心慌，一定要他知道，跟娘家父母的關係不能連基本都沒有……」大家義憤填膺的說著。道理說來明白，但以我自己而言，想到老公在娘家時百無聊賴的樣子，就算讓我重來一百次，我還是寧可騙我媽說：「老公要加班，我們先回家了。」

那麼，輪到女人坐在婆家時，是什麼情況呢？一開始誰都會努力跟公婆認真的聊、熱絡的聊、討好的聊。聊著聊著，卻發現老公躺在一旁「涼勢涼勢」，不幫腔也沒一點感恩狀，徹底的視為「理所當然」，此時女人對照老公在娘家的表現，不禁從腹底升上一股憤怒，深深覺得對不起娘家父母。或公婆沒有意願把媳婦視為一個需要重新認識的人，只是一廂情願的用傳統標準檢視媳婦，於是女人漸漸對公婆關起心門，開始默默計算著夫妻之間的付出與回饋。

一旦有了這種心情，夫妻在照顧父母的任務上就很難合作了。

婚姻已到中途，無法期待老公徹悟人性，家務纏身，辛苦卻感覺不到回報的女性該如何自處？

失去了價值與方向感，尋覓新的意義之前，我們不得不回到根源思考：

「為什麼我會陷入這種處境？」

害怕讓人「失望」嗎？最初丈夫希望我這樣做，而我不想讓他不高興，不假思索也沒釐清義務就做了，做著做著便成為習慣。到了中年，感知時間有限，心力微薄，才開始在意「這樣過日子值不值得」、「其他事物是不是更需要我」，想陪伴自己年邁的父母，想在職場上最後衝刺，想把握小孩還願意跟自己相處的時機……不想讓丈夫失望的初衷，已經無法擺平內心多重需要的衝突，現在的我，需要為自己負責，對任務的輕重緩急重新排序。

或者，選擇擔任家庭主婦時，只想著可愛的小孩和隨心所欲的廚房，根本沒料到要照顧公婆？一對夫妻決定誰上班、誰負責家務時，大部分是向最大獲益妥協，有機會賺得多的一方上班，另一方就多負擔家務。或者，認為女人有著不可取代的家庭功能，應該在家操持而放棄職場。這真是一條不歸路。

時至今日，家務有給的觀念仍不夠普及。曾經月薪十萬的友人，生育後辭去工作，變成家庭主婦。十年後，她面臨自信危機，考慮為自己投資二度就業的進修課程時，一直憂慮著：「我用的錢都是老公賺的，花在自己身上太奢侈了。」朋友們幫她按計算機，別說十萬，就算以月薪五萬的管家行情計算，她在家工作十年至少應該賺進六百萬，何況一般管家還有年終三節獎金呢！她卻只是苦笑。

愈來愈多女性選擇保有自己的工作，寧可賺得薪水，再從中抽出一疊付給管家和保母。但這種人生也有所失落。對許多女性而言，親自照看幼兒，親自打理家務，是非常有意思的事，如果家務勞動的價值能被正視，有興趣當家庭主婦的女人應該比現況多得多。

回顧婚姻中的心路歷程，有問題的其實是夫妻對應，公婆只是所有共同責任中的一環。哪一個開心照顧公婆的女人不知道公婆不是親生父母？那是一種跟丈夫之間有言或無言的協議，基於情感、也基於現實的平衡。「今天我需要去上班，爸媽的事，請你來做好嗎？」這種溝通就像是「我洗衣，你洗碗」的分配，邏輯簡單又直接，不需牽扯「你媽對我不好」、「誰受得了你媽的個性」，那其實是無益於解決問題的討論。

婚齡超過十五年之後，我才漸漸學會微笑而堅定的對老公說：「過年在你家待了三天，下週末請你跟我一起帶我媽去野餐。」本來我也擔心這樣太白話，但是，心裡明明有這樣的需求，如果不坦然以對，就會為了強調自己的要求很合理而說出「你知不知道去你家很累」、「我媽一個人獨居好可憐」、「你感謝過我嗎」之類更討人厭的話。

因為預期對方不會接受我的要求，只好搬出堂皇的道理，想要加強自己說話的力道，試過幾次就知道這種習慣不只是效果差，還具有強大的破壞力。如果對於自己的付出感到心安，表達自己的需求時，就不需要附帶指責，也不需要邀功。至於對方如何回應，那是對方的自由。如果老公不願意滿足我的期待，我可以少做一點委屈自己的事，避免累積自憐與怨懟。

一個中年女人的自覺應該是：我所做的事，都出於自願。我不願意的，不再被勉強。

決定拒絕什麼，勇敢面對後果。拋不開的，就光榮的扛起。但我們不會停止思考，有沒有更雙贏的做法！

溫柔的送行

陪著他們緩慢，陪著他們糊塗，陪著他們損壞。

允許他們一點一點的離開。

最深的牽絆，需要最溫柔的送行。

中年朋友約定聚會，若有人臨時缺席，以前的原因總是工作或幼兒，現在的原因常是父母需要送醫、照護等等。我們已經進入要承擔照護責任的人生階段，人口老化的問題使整個社會面臨照護負荷的考驗，但集體的政策層面並未完備。北歐國家對於高齡社會問題的處理比我們成熟許多，例如，芬蘭聞名世界的訴求是「老人不生病」，長期扎根「儲蓄健康」的概念，而我們仍然停留在個人及斷面的方式，忙著應付衰老問題的最末端——疾病。

因為集體面未能就緒，社會問題都變成個人問題。總是聽說，中年人如何努力賺錢，勤儉生活，卻被照護老病父母的負擔壓垮。尤其華人對於「善終」有著深刻的執著，在資源不足的環境下，中年人真的要靠自己，好好整理照護父母的心理能耐。

照顧人這件事本身並不棘手，與老病長者相處時的情緒衝突，才是壓垮駱駝的最後一根稻草。背著長輩上下樓、翻身拍背、備食熬藥這些體力活，都不難，但心理上的狀況常讓照顧者崩潰。老病讓人情緒惡劣，性格上最細微的問題都會放大好幾倍，本來只是謹慎的人，變得無比挑剔，本來只是性急的人變得異常暴躁。衰老、疾病、死亡的環伺，引起深層恐懼，感受著自己的生命點滴流失，除非特別有智慧的，老人常常展現強烈的焦慮和控制需求。在被身體與疾病囿限的狹窄生活中，控制欲的對象也只剩下身邊的照顧者了。

檢視子女做的每件事，挑出裡面的不足與不好，也許能感覺到「我還可以挑剔事情，我還可以判斷事情，我還可以思考，我還有影響力」。對抗威脅感時，這是出自本能的反應。因此，老病的長輩脾氣不好，應該再合理不過了。身為照顧者，不能不理解這種心理的掙扎。時時提醒自己，父母那些讓人無計可施的負面情緒，是人生階段的產物，而不是針對我們個人找麻煩，如此照顧者的承受度會提高許多。

照顧者自己也有情緒，表面上是疲累壓力造成的，但最深處的問題是失落父母的哀傷。照顧者往往沒有餘力注意自己的內心，眼看父母的健康與能力每下愈況，籠罩在無法理清的複雜感受中。久而久之，照顧者也會生病。

許多醫師都有這種經驗——診療老年病人一陣子之後，長期陪老人來看病的子女沮喪的說出「我也快不行了」。子女描述父母的不可理喻，抱怨父母的刁難，他們感受到憤怒，卻無法直視自己的悲傷。我熟悉的那個爸爸，我最愛的那個媽媽，變了！還能辨識的軀殼，裝載的卻不是以前的父母，難以承受！內心的憤怒呼喊著：「你怎麼可以生病，你怎麼可以愈來愈老，你怎麼可以撒手而去，把我丟下！」

面對長輩時，都容易忘了我是大人，忘了我在照顧一個比我更無助的人。情感上，父母跟前的我們，就是孩子。一向在上的大人離開他們的位子之後，我們將要面對無遮蔽的天空。這失落與恐懼常常讓人啟動否認的心理防衛。

在醫院工作時，經常目睹子女在父母因為疾病手抖而打翻碗杯時，表達的不是心疼，而是導正或責罵。醫護人員看不過去，會說：「你的父母是生病了，他不是故意的，你不應該罵他。」可子女堅稱：「他明明可以！我早上盯著他喝水時，他就可以拿好的。到了中午他怎麼就拿不穩？」或者：「我來照顧時就打翻，上次姐姐來的時候就沒事！」

這些抱怨的子女，真是無情不孝嗎？其實，他們的內心並非如此，許多其實與父母情感深厚，甚至從小就是父母最疼愛的一個，對於父母身體心智的衰退，他們有著難以接受的錯愕。「不可以！我不要！我不要你連碗都拿不住！」這討厭的事實，讓子女氣急敗壞，因此做出責罵父母這種令旁人驚訝的舉動。子女往往沒有意識到，自己對父母的暴躁，其實是迫切希望看到「他其實可以！他沒那麼糟！」

經過無數次的否認、無效的抗議，終究必須接受，父母一點一滴的消失了。不管是所愛的父母，或是所怨的父母，都會一點一滴的消失。

失去所愛的父母，哀痛不捨。失去所怨的父母，並不會比較容易。「我還等著你給我親情，我還等著和解，你走了，就永遠沒有機會了！」

內心深切渴望著彼此的人，在病榻前和病床上爭吵，彷彿用盡最後一絲力氣，要對方懂得什麼。無法排解的遺憾，讓人陷入孩童般的情緒。「我父母活著的時候，是很糟糕的父母，造成我無數痛苦，現在他們要走了，我怎麼辦？」不加思索的旁人說：「折磨你的人走了，你不是可以輕鬆了嗎？」「以前我沒有好父母，現在我連爛父母都沒有了！」

這種揪心，最難消解。

淹沒人的情緒都是因為不夠了解自己的心態而產生的，若能碰觸核心問題，情緒會在巨大的爆發之後，慢慢回歸疏濬之道。在逐漸失去父母的過程中，懊悔是無用之事，我們能做的是認識自己，接受現實。

不認識真正的悲傷，就會被困住，無法前行。回顧與父母相處的歷程，在遺憾中找到其必然，在自責後諒解自己吧！時光不可能倒流，就算時光倒流，與父母的問題還是一樣，因為我就是這樣，而父母就是那樣。這樣想著，雖然遺憾，卻也釋懷。一生與父母的緣分本就有限，或許只能寄望下輩子更加契合，一同體現天倫美好。

如果過去對親情抱憾，現在能做的最好的事，就是不再糟蹋自己往後的人生。把自己過好，是重寫與父母歷史的最後機會——若我的生命美好，給我這生命的父母，無論如何都有功了。

以自己的中年陪伴父母的晚年，勞苦雜務的日常底下，是一條不言明的送行之路。如果試著計算，從現在開始到父母百歲，還有幾天？一天有多少時間和父母心無旁鶩的相處？總共還有幾小時？看看身旁的時鐘，感覺一小時有多快？

整理自己對於失落父母的情緒，拂去為了遮掩哀傷而覆蓋在表面的焦躁吧！陪著他們緩慢，陪著他們糊塗，陪著他們損壞。允許他們一點一點的離開。

最深的牽絆，需要最溫柔的送行。

女兒的男人

護持和空間，永遠是母親的難題。如果母親未能在孩子年幼時修通這課題，孩子長大成人，這課題還是會存在。

沒有子女的老年，或許有點孤單，有子女的老年，仍然可能孤單，而且還外加很多擔憂。

有位老母親在路邊問我：「我女兒鐵了心，就要跟那男人，不聽我勸，我該插手還是放手？」

我說：「大姐，這問題無法簡單回答。」

她說：「為什麼？妳就直接回答我，一個母親該不該管女兒的終身大事？」

孩子沒有伴侶，父母很操心。找了一個伴侶，父母看不順眼，還是操心。誰能叫一位母親放手？除非放心，不可能放手。母親無法不管女兒往苦路走去，我相信我以後也不可能不管，如果有什麼心理專家叫我放手，我一定會覺得，屁，難道你女兒這樣你會同意。

只是，對於大到已經可以擇偶的女兒，母親的護持手法應該有所改變吧！

氣急敗壞又不討論，就對女兒說：「不可以！」母親沿用著對小女孩大喊「地上髒髒，不可以！」的習慣，渾然不覺眼前這位該是個大人。

女兒堅持己見，母親反對也不是，同意也不是，幾度爭執之後，只好賭氣的說：「我不管妳了！」從小寶貝到大，最後竟為此撕裂關係，母親深感落寞。

而我想著，那女兒一定也很傷心。

誰不希望帶著父母的祝福走向未來？可是，父母反對的理由聽來牽強又主觀，子女也真為難。有人不聽父母意見，日後嘗到苦果，但跟隨父母的心意擇偶，也未必能走上坦途。

婚姻和愛情這麼複雜的事，年紀大不見得就比較懂！

面臨重大抉擇的人，其實都渴望得到指引，如果父母大聲堅持的那些意見，怎麼看都像是個人偏見，而不是智慧，徘徊在人生十字路口的子女，只好默默背負「翅膀硬了」的罪名，心裡卻吶喊著：我當然也想要幸福！如果你夠了解我，如果你說的有理，我怎麼會不要你的建議？但是你根本不懂！

我想跟這位母親說，女兒有難，妳當然不能放手。不過，我們可不可以先確認一下，她真的有難嗎？

母親判斷的根據是什麼？

是否人云亦云，其實自己也沒有驗證過？

是否因為自己的感情與婚姻經歷，產生補償性的主觀？

母親想要的幸福，對女兒來說，也是幸福嗎？

人們太容易憑著己身經歷和數量極小的樣本，形成某種判斷。自覺婚姻不幸的人，往往未經深度反思，就認定某個原因是造成不幸的充分條件。他們在兒女的關係中四處嗅聞，疑有類似，便警鈴大響。自覺婚姻幸福的人，則常要求子女遵循自己的模式，複製幸福的道路。

對於兒女的婚姻，父母想護持而不擾亂，不僅需要具備對人性與婚姻的洞察，也需要充分了解兒女的性格和價值觀。否則說出來的話，只會讓兒女覺得遭受羞辱而不是獲得關懷。

我說過一個故事。一位母親憂心女兒四十歲仍單身，老是催促女兒找伴，女兒深感壓力，都不太想回家。不久前的週末，女兒竟然主動回家，開心拿出一包中藥，要母親補補身體。還來不及窩心，母親直覺事有蹊蹺！因為女兒從來沒這麼體貼過。追問之下，原來藥材是剛認識的男性朋友送的。女兒神采飛揚的說：「他看我工作很累，就買來叫我補一補，我覺得很有效，趕緊帶回來孝敬老媽！」

猜猜看，母親的反應是什麼？

欣慰女兒終於有對象，還很貼心？感恩上天終於回應了長年的祈求？

不不。這位母親聽了女兒的說明後，勃然大怒，開口就說：「這男人真壞！不可以來往！」

女兒一頭霧水，母親接著盤問這位男士的工作、收入、年紀、過往歷史等等，一口咬定這男人會把女兒害得很慘。

女兒反問母親，連人都沒看過，怎好遽下結論？這下母親暴怒，激動的說：「才剛開始妳就為了他反駁我，不就證明我說的沒錯！」

原來這位母親的「理論」是這樣的：這個男人，初次送禮給女人，竟然不送一些「正常」、「有價」的東西，香水、鮮花、項鍊啦，而是送中藥照顧身體。用這種「走心」的方式，而不按部就班的追求，花費不到一百塊的幾包藥材，比香水便宜那麼多，就直擄寂寞女人的芳心，太可怕了！這種人以後絕對吃定女兒。母親撂下狠話：「如果不切斷跟他的關係，就切斷跟我的關係！」

這位母親獨創的識人理論，不知是怎麼來的。也許早年失婚，戀愛不順，受盡了男人的氣。深感受傷的女兒問我：「我媽說得對嗎？我覺得這男人對我很好，也很樸實，我真的要拒絕他嗎？」

我覺得這位母親太主觀，體貼的男人不一定壞。不過這也是我的主觀，因為從來沒有男人用心買中藥給我補身體，聽到這位男士的作為，我還滿羨慕的。哎呀！說不定這位母親是對的?!你看看，我只是聽故事，都被這男士擄獲了，他真的很可怕啊！

聽起來像在開玩笑，但我是認真的想說，我們應該隨時保持這種反思的心態，給人意見前，好好問問自己：我的想法是怎麼來的？我個人的經驗如何影響我的觀念？

心被男人擄獲，就會不幸嗎？

難道母親希望女兒嫁給一個不體貼的男人嗎？

有沒有更好的指標，能幫助女兒評估她認識的男人可不可靠？

如果母親曾經深深的愛了一個男人，後來重重的受了傷，自始至終都未參透前因後果，轉折脈絡，只記得最初的「愛」連結到最終的「受傷」，那麼難免一看到愛，就預期要受傷。

丈母娘看女婿，本該愈看愈有趣。有人卻是愈看愈焦慮。她的另一個女兒吸收了母親的焦慮，根據母親的原則，熱情的男人會讓她失心，都很危險，她嫁了四平八穩的丈夫，他的臉沒什麼表情，嘴巴很少說話。每天吃飯、睡覺、賺錢、養孩子，久了，她的臉也沒什麼表情，嘴巴也很少說話了。

聽到妹妹的事，她意外的失眠了好幾天。彷彿想通了什麼，她開口問老公：

「為什麼你都沒有買過中藥給我？」

老公問：「買中藥做什麼？」

「補身體。」

「妳身體很好啊！」

「你怎麼知道！其實我常常覺得很累。」

「妳今天好奇怪，想買中藥就去買吧！」

對話結束了，偶發的塵暴，一分鐘內就被正規的日常吸乾淨了。一點痕跡也看不見。

窗明几淨的客廳裡，她靜靜坐著。半晌，她的小女孩跑來問媽媽在做什麼。

「沒什麼。」女孩笑笑，在一旁玩了起來。自語一般的，她說：「孩子，以後妳要勇敢相信自己的感覺。」

「這個小女孩，以後會勇敢相信自己的感覺嗎？」

故事說到這裡，聽故事的媽媽們有話要說。

「媽媽這種心態，小女孩長大會不會太相信感覺？不理智判斷，結果被壞男人騙了！」

「身教重於言教，媽媽口頭這樣說，行動上還是守著踏實的婚姻，女兒也會長出一樣的人生觀。」

「孩子就是要跟媽媽唱反調，媽媽要她追隨感覺，她就會愈注重現實！」

「有這麼簡單？那媽媽每天都叫孩子上網不唸書不就好了！」

媽媽，怎麼做都可以有問題。而最大的問題，恐怕是母親執著於一種理念，失去了與女兒的親近。

要從幼兒成長為一個勇敢的人，需要通過種種歷練，在最早的歷練中，由於母親妥當的守護，建立了安全感，培養出迎接下一項試煉的信心。過度保護的母親，無意中經常剝奪孩子承受試煉的機會，孩子無從獲得信心和勇氣；而過度疏忽的母親，可能讓孩子在未準備好時遭遇太大的挫折，從此驚懼畏縮，缺乏安全感，信心崩毀。

護持和空間，永遠是母親的難題。如果母親未能在孩子年幼時修通這課題，孩子長大成人，這課題還是會存在。

與其抱怨「我都五、六十了，還要為不懂事的孩子操心」，不如自省「我都五、六十了，還不懂當媽的技藝」。人生過半，子女帶來的驚奇與驚嚇，刺激父母思考再思考，進化再進化。

憂心的媽媽們，請記得：女兒的男人，都是來度化母親的菩薩。修道很辛苦，若有補藥可吃，何不歡喜下肚。什麼？您虛不受補、陽亢燥熱、不適合吃補？嘖嘖，問題這麼大，一定是半生過度操勞，那麼更應該放下擔憂，好好照顧自己為上！

輯三

往來之情

後中年伴侶

後中年戀愛不再具有特定目的，自在相伴的價值大過於取悅和依賴。將心比心，尊重且自足，才是夠格的熟年伴侶。

「中老年戀愛會是什麼情形啊？完全不能想像！」剛恢復單身的朋友說。

後中年的擇偶標準與年輕時大不相同，許多從前在意的條件，在不知不覺中變得無關緊要，原本需要從伴侶身上得到的東西，現在可以自給自足了。二十歲的女孩掂著追求者斤兩，哪一個貼心、哪一個浮躁；哪一個只能租屋、哪一個有望安居。

五十歲的女人不再期待藉由戀愛爬升，不需要一個優勢伴侶來確認自己的價值，也不需要費心預測對方未來成不成材，對我們而言，未來就在歷史中，一個人品格能力如何，只需基本的智慧就可一目瞭然。自己薄有積蓄，只要對方不行騙取財，誰在意他年收多少、文盲或海歸。想聽充滿智慧的話語，多的是專家演講、書籍待覽，現在對於身邊的人，所求只有作伴，能提供活人的存在感。朋友打趣道：「我所尋找的這個人，只要是體溫在三十六到三十七度之間的就可以。」

唯一重要的是，相處愉快！能接受自己的皺紋垂肉，也能慈心看待對方的禿頭肥腰。興趣不需相合，不太衝突就好。說話不用懂，有點耐心即可。

如果是這樣的心態，不難找到伴侶。咖啡店、街市上，細心一點就會發現結伴的大叔、大嬸。偷偷猜測他們的關係？你會知道的，從某一種客氣、某一種開心，知道他們並非多年夫妻。那麼是離異、喪偶或外遇呢？聊的是電影、子女，還是空氣污染呢？無論有什麼慣性的揣測，他們散發的那種小確幸，會說服你，然後你也會有一點羨慕。

不過，有人對戀愛卻是愈老愈挑剔：「一個人這麼久了，什麼寂寞沒嘗過，既無所求，何必浪費時間與俗人相處。」也有這樣的朋友，認為人生所餘有限，沒共鳴就別對話，不驚豔何需戀愛？吃飯、散步、陪看診，這些事一個人挺著就可以，不是稀世極品，不勞費神。精神的潔癖，品味的執著。老單身的倨傲。

兩極的心態，你靠近哪一邊？以前我常想像，愈老要愈隨和，對人的要求變少，跟什麼人在一起都能享受，這樣比較幸福。不過，這是無法自欺的，隨和交友或孤芳自賞，不管意識上選擇哪一邊，感受會告訴你，舒服就是舒服，勉強就是勉強。在寂寞與美感拉鋸之時，不向寂寞低頭，也是後中年的傲骨？

傲骨可貴，但若因自卑而對戀愛閉門設限，「這模樣的我還有人愛嗎？」因為心虛，不敢心動，就有點可惜了。

中年人的內心，多少還是上演著對抗自卑的戰役，只是大戰與小戰、看得出來和看不出來的差別。寫給中年人的勵志書，作者多半看來一路自信，彷彿天生不怕老也不怕衰，真是難以想像的境界。

逐步接近五十歲的我，最近參與節目錄影時，不乏網友點評「老好多」、「皺紋和白頭髮都跑出來了」。我心裡犯嘀咕：我又不是塑膠花難道不會老！

這年紀沒做醫美的到底有幾個能讓你滿意……自言自語發洩一番後，我也知道要擁抱正向的信念，居然有人這麼在意心理專家的外貌，我應該受寵若驚吧！但心裡還是漸生疑惑，接連看見幾位同齡女性把外貌變年輕，我認真的問起相識三十年的老友：「我該去做醫美嗎？」

認識這位老友是在三十年前，當時我有一張無處不痘痘的大臉，一雙再怎麼束仍被男生訕笑的小腿，一個穿什麼都尷尬的身軀。母親帶我去拍大頭照，總要對相館老闆說：「長得不好，麻煩修漂亮點。」好不容易得張不錯的照片，放在票夾中被同學瞥見，他好意讚美：「這是妳嗎？坦白說，我從來沒把妳跟漂亮兩個字連在一起過呢！」

那種時候，不知為什麼，這位老友竟以天鵝的規格對待明明是醜鴨的我。我至今仍不了解他看到了什麼，只能深深感念知遇之恩，讓我從懷疑到自信，換羽飛翔。現在，天鵝掉毛要怎麼辦，我可以說他人的批評不足參考，但如果連伯樂都說不堪，就是真的糟了。所以我才去問他。

他仔細的看著我的臉。我感到難過，眉間紋、魚尾紋、法令紋，都一覽無遺啊！我應該在三十五歲之後就不要跟他見面，留下永恆的美麗印象。

「我問妳啊！」他說，「妳現在的自信，還有多少比例是靠外在得來的？」

嗄？

「這太像心理治療師說的話了！這種話我自己說給自己聽就好了，何必來問你啊！」我抗議（其實是在抗議他沒有說「妳看起來很好」）。

他當然知道我抗議什麼，就笑了。然後輕鬆的說起自己：「我十年前開始發福，就放棄外表了，現在根本不會想到這部分啊！」

「女人喜歡中年男人不會是因為帥吧！」

「男人跟女人，還是如此不同嗎？」

沏著茶，暢聊中年女人日常的瑣瑣碎碎，中年男人事業的「最後一搏」。

談到精闢妙處，有會心，有喟嘆，隨著表情，皺紋和贅肉也活蹦起來，我彷彿聽到它們說著：笑啊！抖動啊！不要僵硬，不要填塞！

醫美的事，這麼被安頓了。

年齡愈大，友誼的資歷愈深。如果你懂得珍惜情誼，中年人理當比年輕人更有伴。

與心無緣，聽不見其他訊息的，才會緊緊依賴視覺感官，嫌棄外貌。不能如昔美麗的熟年，卻能陳釀趣味，靠的是長年求知、修為與心靈鍾鍊，不像肉毒桿菌和玻尿酸，躺著等人打進皮下就可以。心靈修為只能靠自己，雖然辛苦，但鍾鍊所得的，一旦獲得就屬於我們，經久也不失效。

年輕時的戀愛，受感官驅動甚多，不穩定不自足的心靈，充滿了對戀人的要求，諸如晨昏定省、浪漫禮物、行程報備。熟年之後的戀愛，這一套是行不通的。熟年伴侶不會像年輕戀人，為了博君一笑而奮不顧身，你撒潑發個脾氣，對方可能二話不說就從此消失了。不想為戀人的幼稚期待疲於奔命，就是想放鬆，不想一直注意電話，猜疑我也無妨，不爽請便。這種中年人很多。

後中年戀愛不再具有特定目的，自在相伴的價值大過於取悅和依賴。不一定要做什麼，不一定要結婚、不一定要生小孩、不一定要跟家人熟絡，甚至不一定有性。如果對此沒有覺知，就容易抱怨「現在的對象都不像以前遇到的那麼愛我」，接著歸咎自己凋萎的容顏，殊不知對方厭惡幼稚心態甚於衰老體態。不同年齡階段，對於「愛」與「伴」的期待是不同的。如果死守著年輕時的戀愛觀和角色觀，執意尋覓一個為你等門、為你奔走的戀人，只會愈來愈失望。將心比心，尊重且自足，才是夠格的熟年伴侶。

曾經相互支持、度過愛情冒險的老友們，現今都以更穩健的風格追尋著自己定義的幸福。有位五十歲的男士，決心放棄交往半年的女人，他對這位還在等待騎士的老公主大膽說出：「妳想教我的那些，體貼啦！能力啦！下輩子如果有時間，我會考慮補課。這輩子我已經受夠老師，學費也付得夠多了，我不想再伺候女人了。再會囉！」公主詫異得說不出話，羞憤倒是明明白白。

朋友聽了，都罵他過分，出言傷人，忘了年輕時嫻熟的分手禮儀——說聲「我配不上妳」就好了嘛！他嚴肅的說：「不，我沒有忘。說來慚愧，以前我才不在意分手的女人後來怎樣，能脫身就好。這次我卻有點擔心她。她是個好人，如果能從公主夢醒來，老後也許可以有個伴。所以忍不住想點醒她啊！」

聽到這裡，我仗恃數十載友誼的堅固，斗膽扮了鬼臉。他說：「有意見嗎？」

「有啊！你保證不打人？」

「不會，但不保證不臭臉。」

「那好，我說。你啊！嫌人家愛說教，自己連分手都忍不住要點醒人家，好為人師，莫此為甚，遇見這麼匹配的同類還不認得，該擔心誰老了沒伴？」

他瞪我，我也瞪他。三個月後，老騎士帶老公主一起來聚餐。他們鬥嘴，好歡樂。我的餐費被買了，好開心。

只要性情有點可愛，終究不會被孤獨禁錮。享受有伴或享受友伴，打開心胸，你的熟年，可以更開闊！

資深夫妻

婚姻這幅作品未必值得欣賞，但婚姻的協同作者，總能讓我們看到獨自一人不會看到的風景。

根據近十年的統計數據，台灣每年有五萬多對夫妻離婚，我們細看婚齡分布，從二〇一二年到二〇二〇年的統計，婚齡十年以上的夫妻，每年約有兩萬多對離婚。

兩個人結婚後，過了十多年，會有很多事物混合在一起，孩子、屋子、人脈、財產，要從這種混合中解開，光想就頭大。如果不是相處得很痛苦，不會想要做離婚這麼麻煩的事。

有對夫妻，談妥了要離婚，房子、車子、土地、監護權、撫養費，都無異議的分配好了，丈夫準備搬出去，著手打包時，卡在書架前面。

他們有滿滿一面牆的藏書，很難決定哪一本屬於誰。兩個人都喜愛的小說、因為從事同領域工作而一起蒐集的經典、題著彼此名字的互贈的書，還有孩子成長過程累積的繪本……拿起一本翻破的《小紅帽》，眼前浮現孩子幼時吵著聽故事的可愛模樣。爸爸想拿，媽媽也要留。

一本書攤開一個往事，他們坐在書架前的地上，從對立爭執某些書應該屬於誰，到合作確認某一本絕版書當年是誰買的。彷彿永遠做不完的切割。

結果後來他們沒離成婚。

說沒成好像怪怪的，也許應該說他們「成功的繼續婚姻」？

離婚有成功可言嗎？還是繼續婚姻才算成功？

關於結婚，還是丟掉成功不成功這種概念比較好。

分開的人，不一定悲慘，也不一定更開心。繼續下去的，不見得開心，也不一定更悲慘。因為無法分離共有的書本，喚醒雙方生命交織的點滴記憶，愛面子的兩個人輕描淡寫的說著「太麻煩了，等有空再來離婚」，心裡卻翻湧著捨不得的感覺。這般情感讓婚姻維持下去，但並不會因此戲劇化的消除彼此的不滿。生活中，個性不同的摩擦氣惱，依然如故。「五、六十歲的人，能改、想改的早就改了。」這句話沒有理論根據，但經驗證明就是如此。一起生活下去，靠的不是滿意，而是心意。

「就這樣一起，好吧，我可以」的心意。

如果徹底流失了這份心意，也不會有分割不了藏書這種問題。對於不是愛書成痴的人，最難分的大概是財產（可能有人會說最難分的是孩子，但其實孩子根本是不能被分的。不管夫妻如何離婚，父親還是父親，母親還是母親）。心意被徹底磨光的人，財產都可以拋棄，只求脫身就好。總之是「再也不想跟你耗下去」的無望感和厭棄感。

資深夫妻的真實挑戰，是在愉快相處與死心離婚這兩極之間，算不上滿意，但也不到絕望的區塊。雙方個性的各種奇奇怪怪、尖尖角角，相處是麻煩的，但想想離婚或找一個新人還更麻煩……許多資深夫妻就在這樣的區塊中，孜孜矻矻的努力，有時也不知如何努力，就咬緊牙關的忍過，如此一年一年的迎來下一個結婚紀念日。

這樣的關係已經是一種可貴。但或許可以更好？

有些資深夫妻需要重新創造交集。半生的婚姻重心都在兒女身上，兒女長大離家後，忘了如何對望的兩人，不僅無話可聊，連可以爭執的事也找不到。面對空蕩蕩的屋子，只是一起坐在客廳都覺得尷尬。

創造新交集，需要重新認識彼此，伴侶目前的人生觀如何？和過去有哪些不同？彼此之間，多少年沒有深度溝通，就可能有多少年的差距。自以為對伴侶很熟悉，其實只了解舊版本的他（她），人家早已經過多次改版了。

無論以往的關係是如膠似漆或含怨帶恨，坐下來好好聊聊，傾聽彼此的心路歷程。每個人在歲月中都會有許多體驗，心境與人生觀都在體驗中點滴變化，另一半在工作上、人際上的經歷，伴侶不可能全部參與，因此如果不常留心「重新認識」，親密關係難免日生間隙，甚至誤解。也許你會驚訝的發現，以前堅持每分錢都要留給孩子的另一半，不知什麼時候改變了觀念，認為自己應該多享受一點；年輕時不讓人管、不許你問的另一半，現在竟然希望你能多關心他。

資深夫妻需要「重新定位」，確認彼此目前的狀況，才能隨時微調，用更適合的方式相處。這樣的「定位」並不難，但絕對需要誠意與謙卑，提醒自己：「我不見得了解現在的她（他）」、「我想更了解現在的她（他）」，而不是「我早已看透她（他）了」。

資深夫妻也許需要一些共同的嗜好，如果無法建立共同的嗜好，不妨容許彼此擁有各自的空間，學習分享與欣賞。分工忙碌的十幾年中，也許一方培養了某種興趣，另一方無法立刻同步。例如，五十歲的太太已累積數十年的舞齡，丈夫才開始想要一起跳舞，在技藝上當然會有無法跨越的落差。那麼，讓太太跟著丈夫一起打球吧！嘗試了兩次，太太就感受挫折而卻步了。

如果能夠耐心的帶領另一半，暫時忍受無法暢快跳舞或揮桿的侷限，假以時日，兩人也許就能一起享受。但另一半如果真的不喜此道，也不要太勉強。很多夫妻沒有共同的興趣，也過得很好。尊重彼此的自由，不能當舞伴或球友，就當觀眾也不錯。

我遇過一對夫妻，太太是家庭主婦，相夫教子忙碌了半輩子，空巢期來臨後，她把自己的時間安排得很精采，從早到晚都有不同的活動。先生退休後，賦閒在家，經常感到身體不適，四處求醫都沒查出具體問題，被介紹到精神科。他告訴我：「人到中老年，本來就都需要吃補，我就是沒有補，身體才變得虛弱。」我問他：「既然覺得吃補會有幫助，為什麼不這麼做？」他長嘆道：「因為我太太每天不是在公園就是在朋友家，沒空幫我燉補，我才會變成這樣。」

原來這位丈夫的心理病因，在於渴望太太給予更多的關注。面對衰老，他還沒有辦法找出積極的因應方式，看著似乎順利度過中年危機而充滿活力的太太，他又羨慕又生氣。他感受的「虛」，是孤單和焦慮。但是事業有成、一向位居主管的大男人很難承認自己的脆弱，他不知如何向太太請求協助，每次開口表達總像是指責：「一個女人整天往外跑，不像樣。」太太當然也沒好氣的回答：「我一生花在家裡的時間夠多了吧！」、「你憑什麼指責我？」結果關係陷入僵局。

他們在協助下嘗試改變防衛的姿態，重新溝通。先生柔弱的一面需要被妻子看見，而妻子曾經獨自承擔的辛苦，需要被先生肯定並感激。先生後來鼓起勇氣，請太太讓他每天早晨跟她一起出門，他就坐在公園椅凳上，耐心的看妻子當小老師，帶領團體成員練習氣功。過了幾週，他對太太說：「大家好像很聽妳的，我雖然看不懂，不過妳的動作還真是有模有樣。」據說太太露出了久未見到的開朗笑容。我不知道是否還重要，但先生說，在這之後，他比較常吃到燉補了。

不過，即使體力好的，年長男性參與團體活動的，還是比女性少。男性似乎較不習慣在團體活動中放鬆，大部分的成長課程或社區活動，參加者都以女性居多。難道女人在各種技能上都是天生好手？未必如此。但中老年女性的確比男性更容易投入社團，往往為了某個公益活動，排練表演，大家都願意穿上制服，戴上頭花，放下身段，四處募款宣傳，在這些過程中與社友建立深厚的情誼，形成新的人際支持網絡。

其實這樣的好處並非不勞而獲，因為社會文化總是期待女性付出更多情感的勞動，諸如負責照顧他人的需求、維持團體的和諧等等，女人不得不練就極

強的適應力與人際力，所以如果說中老年女性比男性容易參與活動和結交朋友，是付出辛勞代價後的一點回饋，也算合理吧！

而夫妻老後，這種團體適應力的落差漸趨明顯，很多女性抱怨「無論如何都無法把老公拉出去參加活動」，惋惜兩人無法一起享受休閒，更擔心沒有興趣的丈夫會身心衰退，忍不住就說出帶有責備意味的話，像是「家人為了你都不敢出去玩」，甚至「你這樣很快就會退化」。這些話語並不能激勵老先生們走出去，只會讓他們更加焦慮，更想繼續躲在熟悉的環境中。

如果真要幫助，就得具體設想有什麼適合他的活動，例如棋藝、自行車、電腦、外語，可能比歌唱、舞蹈或心靈成長課程，更能吸引受到傳統印象束縛的男性。

過度心急的想把丈夫帶進自己活動的圈子，常常適得其反，丈夫可能在妻子熟悉的團體和活動中感到自卑、陌生，而心生抗拒。

我年輕時參加舞蹈社團，也曾夢想與愛舞的人結為連理，舞伴和家人合而為一，心中的畫面非常美好。晨光中，絲質的睡衣迤邐，咖啡的香氣伴隨雙人迴旋；晚餐後，輪番踢踏著清洗碗盤；接著是月影下的激情探戈，入夢方歇……誰說這種幻想不切實際？我有好幾對學長姐都是如此，他們經常在臉書分享共舞的影片，近年孩子也陸續長大，加入爸媽舞蹈的行列了。

我每次看到神仙眷侶的生活，心中滿溢羨慕之情，轉頭看到家裡那位只喜歡跑步和打球，還會嫌我爬山沒體力的，不免偷偷嘀咕，但轉念一想，他可能也有一齣美好的心中景象，每天和健美活力的妻子，一來一往球不落地，或是走遍世界，攀登峻嶺，想他倆在山峰上擁抱雲霧，豈不更像神仙眷侶？不知他是如何包容我這種從不上山、揮拍還會打到自己的老婆。

資深夫妻，誰負了誰的夢想，早已不再重要。笑看共同創造的生活，美的醜的，直的歪的，完整的或縫補的，發光的或黯淡的，這就是我們協力的作品。婚姻這幅作品未必值得欣賞，但婚姻的協同作者，總能讓我們看到獨自一人不會看到的風景。

在這場長途旅行中，什麼風景都有。天堂是一種風景，地獄也是一種風景。資深夫妻，祈禱的並非不入地獄，而是落入地獄時，不要忘記呼喊另一半的名字。

一起變老是怎麼回事

一起變老的過程，實在不是一件浪漫的事。

爽健美好時，歡迎同甘，老病糊塗時，是否共苦，隨喜自便。

自從音樂老師介紹我們認識〈白髮吟〉這首歌（原曲是美國歌謠〈Silver Threads Among the Gold〉，中文由蕭而化先生作詞），我就深深嚮往曲中描述的境界：

「當你花容漸漸衰，烏漆黑髮也灰白。我心依然如當初，對你永遠親又愛。」

那時我只是個國中生，同學都在尋覓俊男美女，期待電光石火的初戀，我卻會傻傻跟隨街上偶見的老先生和老太太，看他們滿頭白髮、並肩行走的模樣，久久不能自已。因為每次說起都會被同學嘲笑，我只好將這般情懷當成祕密埋藏，內心的確也有點懷疑自己是不是怪怪的。

後來，九〇年代的名歌手趙詠華推出暢銷金曲〈最浪漫的事〉，甜美的嗓音和迷人的酒窩訴說著：「我能想到最浪漫的事，就是和你一起慢慢變老，直到我們老得哪兒也去不了，你還依然把我當成手心裡的寶。」突然間，同學都在唱這首歌，我也鬆了一口氣，原來我很正常。

多年之後，我才真正明白，這種想像終究還是傻氣的。

此情不渝本來就是人們結婚時的期待，只是，與我們的想像不同，一起變老的過程，實在不是一件浪漫的事！

現實中，一起變老是怎麼回事？

我們要經歷各式各樣的人生階段，從頂客族到思考要不要生小孩，然後生了小孩，思考要不要再生小孩，若是再生小孩，一方可能還要更多小孩，一方卻怎樣都不肯要了……孩子要怎麼教養、作息要什麼規律？要不要轉職、要不要接受升遷外派、要不要離職？要不要投資、要不要置產？要跟彼此的家人維持什麼關係、要多少社交？……兩個人隨時都可能有不同的想法。不僅如此，在歲月的洗禮下，個性改變，外貌改變，人生觀也改變。彼此之間不斷的妥協或不妥協，經常猶豫著要爭執還是該包容。披荊斬棘到了中年，如果還沒分開，也沒變成冤家，算是大有為了，可接下來還有更艱難的考驗！雙方的長輩輪番開始出現衰老、疾病、需要照顧的問題，如何分工或合作，又是完全不同的局勢。如果這些也努力挺過了，還沒分開，繼續一起變老，那麼，最後還有彼此的老病要面對。

這些過程嚴肅而艱苦，只有沒經歷過的，或是更老的，老到記憶去蕪存菁了，才會說是浪漫吧！

不斷被生活打磨，不斷蛻變，將老時候，我們還是以前的那個自己嗎？那又如何期待另一個人對我們「永遠親又愛」呢？

朋友說，近日她無意間翻到一個檔案夾，裡面記錄著這些年經歷過的身心煎熬。每張醫療單據、每個影像，標誌著一段辛苦，累積成一大疊。感嘆自己竟然承受過這許多，回顧歷程，讓她不勝唏嘘的，卻不是痛苦本身，而是孤獨。

她並非單身，也有成年孩子，兄弟姐妹家人健在，但因為身心痛苦而渴求安慰時，旁人能給的耐心和能力都有限。除了「不要想太多」或「去問醫生」，沒有人能陪她談談焦慮和無助。

家人，特別是伴侶，不是應該互相照顧嗎？

「長年包容他個性上的差異，接受不符合自己理想的生活，不就是希望老來有個照顧？」

因為抱持這樣的想法，後來發現困境竟然要獨自面對，很是失望。

人說久病床前無孝子，如果是慢性身心狀況，例如憂鬱、焦慮等，不只無孝子，父母手足伴侶都避之唯恐不及的，太常見了。在憂鬱病友的團體交流中，幾位述說著家人的冷淡，情緒激動的討論著做家人的道理，許久之後，一直沉默的某位被詢問：「你是不是有不同的看法？」她幽幽的說：「家人躲遠遠算好的了，至少不會增加麻煩。我家人是整天指責我為什麼不趕快恢復正常，指責我沉溺於庸人自擾，好像我生病是對不起他們。」

愈大、愈漫長的苦，愈是自己無法應付的，也愈讓旁人無法應付。旁人因為不知如何幫助或幫助無效，容易產生「無用感」，一般人通常會本能的試圖排除無用感，因此他們不是走開、拒聽負能量的抱怨，就是急迫的給些建議，要求事情好轉，不要讓他們再聽見任何呻吟。於是受苦的這位，不能找不到方法好起來，也不能指出旁人的建議不管用，旁人因為被「好不起來」的受苦者引起的挫折感而憤怒，他們流露的厭煩態度，彷彿苦難不是加在那位受苦者身上，而是受苦者創造出來用以折磨他們。一旦陷入這種情緒，原本被期待做為協助者的，開始認為他們才是受害者，而快要被磨難撕成碎片的，反而被視為加害或勒索者，不是被逃避，就是被指責。

人生真正的考驗總是附贈這種痛苦，疾病如此、各種逆境如此，除了須應付的困難本身，還有讓人苦上加苦的孤獨。

有一次我在社群網站發文，描述憂鬱症患者孤獨的感受，文章得到很多回響，兩天內有一百五十萬人點閱，以及數千次的分享。不久，憂鬱症患者的「家屬」出現了，有些激動的陳述身為家人的委屈，言詞間對於那些「不努力好起來」的人，已經失去同理的餘裕。

其實他們說的都沒錯。我們都知道，這種事當然有另外一邊。

另外一邊，有人永不放棄的照顧著生病的家人，先是失去休閒的餘裕，然後放棄基本的休息，接著工作也丟掉，最後在無法喘氣的挫折感中，連自尊自信都瓦解了。難怪長期照顧的案例中，屢見照顧者不堪負荷，身心崩潰，甚至殺了病者再自殺。

別問為什麼有這樣的差別。有人可以不離不棄的把屎把尿，有人連一點煩惱也不願傾聽。同甘誰都會，共苦這種事，並不是願意與不願意的差別而已，如果只用願意與不願意來思考，得不到照顧者，只會愈加哀嘆，甚至失去求生意志；而提供照顧的，往往明知能力已到極限，卻不敢放下，結果逼垮自己。

照顧者和被照顧者的需求，本來就存在著矛盾。如果能從心性和人格來理解，或許能讓這死結開朗一點。心性人格應變力較大的人，可以承受的壓力較大，舉重若輕；但同樣的壓力，對於心性人格應變力較小的人，卻像是天地崩塌，感覺不逃走的話，就會賠上自己的性命。人與人之間，這種差異本來就存在，有時候真的是「不能也，非不為也」。

每個人都有自己的壓力要扛，看來看去，聽來聽去，我也逐漸相信，人生終極的考驗，不管當時有伴無伴，心態上都是要獨自面對。不需強求他人呵護，不要期待救星，自己的課題終歸要自己做完，如果家人恰好有餘力幫忙，那是天大的福分，不過，不知下輩子是否要還這份恩情？如果家人逃避或指責，何不試著體諒他們心力有限。而換作自己是被期待的照顧者時，也要量力、量情而為，當心力到達極限時，允許自己喘息吧！

爽健美好時，歡迎同甘，老病糊塗時，是否共苦，隨喜自便。若不是這樣的心態，一起變老豈不是雙份的折磨？

我們總在另一個人的守護中確認自己值得，彷彿自己無法克服的缺點、自卑、極限，都能在親密關係中得到救贖。女性更常在婚前感受著「被追求」，自以為選擇了一個可以一輩子依賴的男人，卻在幾十年婚姻中發現，不僅沒得依賴，諸事還等著自己照顧，需要付出無窮的心力，以及不斷進化的能耐，不少人因此憂悶氣惱，不厭其煩的對家人曉以大義，說著「你身為家人應該如何如何……」，然而，沒有能力照顧人的，再怎麼逼他，就是不會生出照顧的能力，徒增厭惡而已。抱著這種執著不放下，恐怕人還沒老，就無人願意親近了。

願在花容萎衰、烏髮灰白之前，淬煉出足夠智慧，能在試煉中對人親愛而無所怨懟，一如初心。

輯四

進退之際

不確定世代

對於下一代的成就與價值，我們無權評判，計分板和賽場都不再相同了。讓自己的成見歸零，把我們的歷練轉換為祝福吧！

安身立命是什麼？成家立業重要嗎？不同世代有著不同的定義。對此，老一輩跟年輕一輩之間，如浪礁般，總能激起碰撞。

身邊許多年輕朋友有意在三十歲之前辭去工作，到陌生的地方闖蕩，例如打工遊學，或是純流浪，探索新的可能。他們的父母（也就是我們這一代的人）對於這種壯遊之計，常感到困惑，甚至覺得非插手阻止不可。父母聽到的關鍵詞是「辭職」和「流浪」，年輕人的關鍵詞卻是「新的可能」。彼此很難溝通，父母詞窮時連孔子都搬出來，說什麼「三十而立」，你快三十歲了，最重要的是有一份穩定的工作，怎麼可以在這種時候丟下之前工作累積的基礎，讓努力歸零呢？

偏偏年輕人就是不想要「之前工作累積的基礎」，不想讓自己被定型，父母眼中可貴的「基礎」，對他們而言是囿限潛能的框架。他們可以花掉出社會以來五、六年的積蓄，在另一個洲界旅行、租房、端盤子、談戀愛……我們被年輕人的輕率驚嚇，心想這未免太失序、太浪費、太任性。但卻不得不偷偷憶起，二十代的我們也有過相似的夢想，只是沒膽追求冒險的美麗。

年輕人說，這種出走是告別青春最好的方式。可是我們以前告別青春最好的方式是買棟房子，占住一個可以做到退休的工作。在我們養兒育女或衝刺職場的這二十年來，過去一百年都沒什麼變化的成就定義，已經徹底翻轉。按部就班，苦幹實幹，都不再是正解了。

是什麼鬆動了我們對成功的界定？這應該是由各個小我的改變所積累出來的。我觀察到現代年輕人的重要改變之一，似乎是對「情緒」的態度，他們較能表露負面情緒，不覺得需要隱藏。我在年輕朋友身上，常常看到以前不敢想也想不到的自在表達。例如，他們可以對老闆說「因為情緒不好，所以你要的東西我沒有在期限內完成」，這在我或我上一代的經驗中，幾乎是不可能說出口的話。

這是不好的改變嗎？有時，我真是被年輕人的理直氣壯氣壞了，但深刻自省，這難道不是上一代想要但不敢實現的嗎？我們偷偷的希望「我的感覺能被重視」，但卻不敢表露，經過某種奧妙的促成，在下一代實現了！

心情不好時所做的工作，品質欠佳。心情不好時，人在辦公，心不做事。雖然如此，也不能無視團體的效率吧？成長於重視責任感超過個人感的年代，中年朋友常常苦惱，不知該如何跟年輕人共事。出現這種問題時，溝通通常不會奏效，因為根本價值觀就是不同的啊！或許，我們應該採用年輕人的方式，模仿他們說：「我今天情緒很不好，拜託你今天一定要給我毫無錯誤的資料，不然我會覺得很不受重視。」

「現在年輕人把自己的感受放得很前面！」

「從前的人，被老闆罵，只能回家處理自己的低潮；現在年輕員工被老闆責備，不管老闆說的有沒有道理，他們可以不覺尷尬的抱怨：『老闆你說話傷到我了！』」

「中年人滿腹委屈，以前做菜鳥時被罵不能吭聲，現在熬到做主管了，還是不能吭聲！」

大家都點頭附和，但世界不會因為所有中年人都點頭就改變！若是所有年輕人都點頭，世界倒是一定會改變。這就是中年！中年的定義之一，就是在影響力上徹底的輸給年輕人。我也很討厭這樣說，但我們必須承認真是如此。

除了面對情緒更加理直氣壯，面對「壓力」的態度，也是年輕世代與從前最大的不同之處。中年人不解年輕一代對壓力的反應，總說他們抗壓性不夠，我認為這實在過於簡化。現今四十歲以上的一代，遇到壓力時的慣性是試圖超越壓力，也就是，在壓力之下仍然必須持續生產力。如果工作壓力巨大，會努力聚焦於這份工作的遠景、收入、名聲，如果這些條件不錯，我們不難說服自己：「這麼好的工作，怎麼可能沒有壓力？」

這樣的觀念已經改變了！近幾年我所見的年輕朋友，往往遇到壓力就走開。我認為，他們不見得承受不住壓力，而是根本懷疑壓力的必要性。有一回，某位學生跟我討論壓力，我想的是如何調適壓力，但她告訴我，這樣生活「不值得」。她並非「做不到」，而是覺得「不值得做」。她說：「成功或收入都是明天的事，可是我不希望今天不快樂！」

成長環境充滿勵志故事，身處經濟起飛世代的我們，跟處於環境劇烈轉變、不確定世代的他們，對於生活的價值，排序想必是不同的。如果未來那麼不確定，只能把握「當下」了！生命中可追求的美好，不再寄託於不可知的未來，而是此時此刻。

與年輕人談到這些問題時，中年人常說：「十年後，你想過什麼樣的日子？現在辛苦幾年，未來會比較輕鬆，你不願意嗎？」因為以前上一代就是這樣說服我們的。但是，如果你試圖對年輕人複製這種問句，他們的答案一定會讓你受到當頭棒喝。比較溫和的年輕人，可能會微笑的說：「我知道你的意思，但我不想犧牲現在的任何一天。」比較直接的，可能會笑出來，問你：「你能確定十年後台幣匯率是多少嗎？房價？物價？薪資？」

跟愈多年輕人深談之後，我不再認為他們太脆弱或太安逸，甚至覺得他們在不確定感中存活的方式，值得我們觀摩反思。我們與下一代的觀念差異，恐怕比上一代與我們之間更巨大。如果不能傾聽，如果堅持己見，中年人只會變成年輕人想要踢開的路障。

除了「立業」，「成家」也是兩代之間最常爭論的議題。幾千年來，無數人類藉著傳宗接代滿足最基礎的安心感。生命的有限，藉由下一代無限延伸，算是一種自然的超越法。但愈來愈多年輕人不這麼需要了，結婚生育不再自然發生，以前是沒有理由不生的話就生下來，現在則是沒有理由要生的話就不會生出來。長輩想要抱孫子，但年輕人不覺得這跟自己有什麼關係。

不論年輕人怎麼想，我認為長輩說「要生孩子」，是很合理的。身為長輩，自己有子女，總不能建議子女不要生孩子，那意思不就好像後悔生了子女嗎？要不要生孩子，自己決定就好，期待長輩不敦促這件事，是不合人情的。如果長輩提醒你生孩子，你會覺得很煩，不妨自問，是不是自己對於不生孩子或沒辦法生孩子，還有未能平復的焦慮或遺憾？如果是自己的選擇，心裡乾乾淨淨，別人說什麼，能擾動什麼？

有孩子的人，即使長年抱怨勞累、孩子不長進、人生被犧牲，但多半還是覺得有孩子是件幸運的事。回望人生里程，家庭才是最實在的東西。也有很多人年輕時在工作與家庭間奔波，沒有餘裕也沒有足夠的智慧跟小孩好好相處，小孩轉眼就大了，心中留有遺憾，所以特別渴望有個孫子讓他重溫天倫之樂。

我身邊的許多長輩，年輕時不曾親自帶過小孩，有了孫子後，才第一次學包尿布！他們說，可以體驗跟小孩親密相處，人生真是圓滿了。阿公、阿嬤對孫子，不需要像父母對子女那麼嚴謹，孩子開心就好，雖然這種親密有時被稱為溺愛，卻為許多小孩建立了內心最溫暖的記憶，日後遇到挫折時，這就是最想回去的地方，感覺無條件被愛的充電所。

因此，我認為長輩期待抱孫的心情，非常自然也非常美好，不需要被質疑。只要記得，生育不是隨心所欲之事，事關夫婦和諧、身體健康，需要天時地利人和，想要孫子、孫女，只能虔心祈禱。這是天上掉下來的禮物，既然是禮物，哪能由得你指定送達時間呢？此外也須記得，堅稱不想生育的子女，可能有難以啟齒的困境，或許感情不睦，或許經濟吃緊，或許身體欠安。

不生孩子，是個不容易做的決定，做了這種決定的人，聽到父母催促快生，只會覺得「為什麼你自己想要的東西，要我來提供呢？」、「我想要的人生，你幫不上忙，為什麼你要我滿足你的期待？」他們已經承受了壓力，最不需要的就是長輩自以為聰明的提醒什麼。只有生不出來或是選擇不生，沒有人會忘記生孩子的，真的不需要提醒！

忍不住一直提醒子女生孩子的長輩，也許是被自我質疑卡住了。心想：「如果我的兒女覺得被我生下來是件好事，他們怎麼會不想生小孩呢？」聽到子女說「不生小孩」，父母不免懷疑：「他們為什麼不要小孩？是不是對我的養育有什麼不滿？」我曾經與不少催婚、催生的父母深談，發現他們覺得兒女不想生育，彷彿是對他們的一種否定。

我們很難責怪長輩有這種心態，因為不生小孩的人們，的確有很多對於成長經驗感到不滿，他們不想創造孩子，是因為不希望帶一個孩子到世間經歷自己有過的愁苦。或者，他們幼年並不快樂，好不容易成人，不想又被孩子綁住。原生家庭的經歷的確會影響人們生小孩的意願，不想生小孩的人之中，不乏與父母存有心結。這麼說來，對於子女不生小孩，父母長輩感覺自己有責任干預，無法置身事外，也是難免的。

對於年輕人的觀念，父母到底該怎麼對應？當下一代以不同的價值觀一次次的衝擊我們安身立命的信念時，我們只能退居一旁嗎？如果那不只是一個陌生的年輕人，而是你心心念念拉拔長大的孩子呢？

我也有許許多多希望傳授給女兒的人生哲學，我以為那是我用青春和跌倒換得的智慧。對我而言，那真的非常珍貴。但我要自己記得，年輕的我曾經如何用力的否定過母親試圖傳授給我的一切。我所相信的，以後女兒還能用嗎？可能只有極少的一部分有用，甚至，對於活在未來世界的她，我的想法全不管用，還會誤事？

我想我能做的，是「關心」而不「擔心」。如果她不婚不生，我不該擔心她老無所依，而是關心她選擇了什麼樣的人生，如果這不是她最理想的選擇，那她是否遭遇了困難。也許過時的我，不能為她找到答案，但我可以守候在旁，鼓勵她探尋屬於她的方向。

對於下一代的成就與價值，我們無權評判，計分板和賽場都不再相同了。讓自己的成見歸零，把我們的歷練轉換為祝福吧！

下台的藝術

不管年少時多麼前衛奔放，老了就不可能繼續站在前端了。以前要衝浪的頂端，現在該學習岸邊觀浪。歡喜被超越，學習下台的藝術。

中年的各位，與年輕人接觸時，有沒有「落伍」的感覺？對自我的價值感到迷惘，跟不上主流了，一種無法迴避的羞恥感。即使知道這無關個人優劣，而是時代變化的必然現象，落伍的自我懷疑感，還是讓人很焦慮。

我不太相信有人完全不會落伍，不管年少時多麼前衛奔放，老了就不可能繼續站在前端了。說自己永遠在潮流前線的人，多半是自我感覺太過良好。我常在臉書上看到朋友使用年輕人的流行語，不用的還好，用的多半不太適切。而且等到我們這輩的人學會一句新的流行語時，例如「嚇得吃手手」、「犯規」、「不要不要的」、「佛系」，這句多半已經「褪流行了」，胡亂使用，反而暴露了一種想追又追不上的難堪。所以我都謹遵學生給我的建議：「老師，你們說你們的話就好了！」

大約五、六年前，連續經歷的挫折讓我決定停止參與大學以下的校園演講。事情是從受邀回母校高中演講開始的。高中時的週會，全校師生都要坐在大禮堂裡，聆聽名人學者演講。年輕的我對於那些散發著智慧光輝的「大人」，充滿孺慕之情。屁股坐得發麻時，我偷偷立下志向：「有朝一日我要站上那個講台說話！」

過了二十幾年，有一天，我終於接到了學校的邀請，請我站上記憶中的講台，和學妹們分享人生智慧。我欣喜不已，馬上跟所有高中同學分享。為了這歷史性的一天，我挑了最受肯定的演講主題：愛情。「如果我十六歲時，有人告訴我這些多好！」我以這樣的心情，反覆思考篩選，準備最精華的材料，想把最深的體會和祝福獻給青春正盛的女孩們。

演講當日，我真的很賣力，為了兼顧深度和趣味，簡直是唱作俱佳。

我經常到大企業、專業機構和藝文團體演講，通常可以得到觀眾正面的回饋，舉例也多半能帶動全場，營造熱烈的氣氛。我是抱著相當的自信和熱忱回母校演講的。

演講開始五分鐘後，我發現不對勁！不管我多麼賣力，講台下始終很嘈雜。我告訴自己，年輕人剛坐下，心緒總是比較浮躁。於是我更努力的講著，談高中生戀愛的例子，問些她們應該會在意的問題，試圖拉近她們……五分鐘過去，十分鐘過去，我的努力沒有一絲成效，場子還是鬧哄哄的，滑手機的滑手機、看筆記的看筆記、聊天的聊天，其他就是發呆、擠痘痘。這真是我做過最慘的演講了。

走出校門時，我背負著挫折與失敗，站在十六歲時等公車的地方，望著以為一樣但卻早就不一樣的天空。從少女時期開始懷抱的夢想，算是實現了，但也破碎了。

我花了一段時間從這挫折中平復。幾年後，我又不死心的去母校大學演講，結果也好不到哪裡去。於是我乖乖承認，我是老人了。

代溝令人震撼。以為自己一直是思想活潑開放的人，但不知不覺中，已經無法想像年輕人發展的新路徑了。我離流行文化很遠，每一代的年輕人都跟上一代年輕時不同。不因為「我也年輕過」，就能貼近他們年輕的心情。無從揣摩他們的用語，也不喜歡那調調。不看偶像劇，對於充滿誤會的劇情，再無共鳴。不再花費時間與青少年文化接觸後，當然也不認識他們追逐的明星、追蹤的消息。我嘲笑自己，換成任何一個歌手在台上講兩性關係，效果都比我好。

那場高中的演講，我硬撐著講完之後，到一旁坐下。回想從小到大的上台經驗，即使緊張、失誤，都沒這次難過。沒想到還有更糟的事！訓導主任接著上台，嚴厲的訓斥全校學生不懂得尊重講者、缺乏禮儀素養等。我實在很想拉她下來，因為這只會讓學生更不以為然啊！我原本只是不被欣賞，現在變成害她們挨罵的討厭鬼。主任顯然沒有看到我求饒的目光，繼續訓斥。最後，她對學生說：「即使沒有想聽的內容，也要有名校的教養。」真是一棒把我打暈了。

誰想要年輕人因為禮儀教養才聽我們說話？難道我的經驗之談真的沒有他們想聽的嗎？

有些老人習慣自我安慰，說年輕人還不懂得欣賞智慧。可我沒這麼樂觀，我接受被新世代丟棄的事實。

因為我年輕時也丟棄過。至少，我還能理解他們的丟棄。世代的落差，總是令熟齡者不安。有些人不願服老、有些人暗自傷神、有些人反其道而行，對年輕一代進行否定與批評。被年輕人丟棄，就看不順眼年輕人；看不順眼年輕人，就愈被丟棄。我覺得這是最醜陋的老法。不如就承認不懂，同意「你可以丟棄我」，這樣還比較能得到年輕人的尊重。不懂裝懂的老東西，會有令人作嘔的臭味。

在過往努力學習、成熟變老的幾十年裡，習慣了以人生的「知曉者」自居，而年輕人是提醒我們還有太多「不知」與「未知」的使者。不能接受這訊息，就無法前往未來。

後來我做了一些改變。每當有慈悲的年輕人願意跟我聊天時，好好把握當下，不要想著自己能給他們什麼見解，而是認真接受他們教我的概念。我是落伍了，這種差異並不是調整心態或努力追趕就能跨越的，認真聆聽年輕人的想法，並不會讓我們更靠近他們，我們仍然在我們這裡，但彼此之間可以有一個了解的通道。

稍微平復後，我偶爾會跟學生分享我的演講歷險記。有位三十歲左右的朋友說，在他們的學生時代，週會就已經不是嚴肅的事了，大家的狀態都很自我、很輕鬆。他安慰我，有些事不是針對個人，而是「聽演講應該專注」這種預設已經改變了。

我很感謝他的溫柔，但不敢大量取用這安慰，一方面覺得不能太自以為是，明明講得不吸引人，卻推說「世風日下人心不古」，這樣下去一定會變成剛愎自用的老人；另一方面，「聽演講不一定要專注」，如果真的有這種變化，我更應該承認自己落伍了！如果有個人在我面前拚命演講，不管我多麼不感興趣和不以為然，我也無法覺得可以拿手機出來滑，這不就是該承認的差異嗎？

「年紀大，本來就要落伍。」另一位二十多歲的學生說。他認為年紀大就是落伍，為什麼要抗拒呢？他講得一派輕鬆，我忍不住笑說，等到你落伍的那一天，還能這樣不以為意嗎？他竟然說：「等到落伍的那一天，我就躺下來好好休息。」你說，這二十多歲的聲音，不是振聾發聵嗎？

如今我繞了一圈，母校那次演講的經驗，從挫折變成滋養了。站上十六歲開始就夢想的講台，演講的過程出乎意料，正因為出乎意料，我得到寶貴的啟發。在邁入中年之前，預備以前無法預備的心境。

人生後半，還要不斷追逐嗎？江山代有才人出，長江後浪推前浪，我憶起前輩曾經如何意味深長的望著我們，悠悠的咀嚼這幾句也算過時的話。從我十幾歲，這些詞就過時了，我也曾傲慢的認為只有老人和腦袋空白的年輕人才會使用這幾句。現在，它們為什麼出現在我的筆下？

話雖古老，說的卻是不變的人性，千古共通的人情。如果能像這種話，形態老舊落伍，內裝的意義卻能被來人辨識，可以不斷被換上合乎時宜的包裝，繼續傳遞，才算無愧的成熟。

以前要衝浪的頂端，現在該學習岸邊觀浪。年輕時，可見的積累當然不足，但因為年輕，未來不可限量。如果把自己視為全人類的一小部分，怎麼會希望年輕人只跟我們一樣？我歡喜被超越，不想當人類大隊接力的最後一棒。後五十人生，是學習下台藝術的時候了。感謝我年輕時曾經含笑為我鼓掌的所有前輩，沒有嘲弄，沒有打壓，對我的不成熟思維和衝動心性，給予大量的好奇、尊重與鼓勵，我會記得，我都記得。不怕被丟棄的你們，終究沒有被丟棄。

認識自我 再做自己

充分連接自性全體的人，才能真正做自己。唯有努力深入自我的核心，與內心的動力結合，才能擁有做自己的能量。

從小到大，我們曾經立下各式各樣的志願。中年人最常立的志，就是「做自己」——「我做夠好人了，從今以後要做自己。」然而，如果你夠老，應該會同意以下的觀察：一個人如果不用心修練品格，隨著年齡增長，個性中可愛的部分將逐漸磨蝕消失，而個性中可惡的部分，卻會擴大凸顯。所以，當一個人宣告他要開始做自己，他會變成什麼樣子？周圍的人該不該為他高興呢？

那些認為「我都在做自己」或「我都沒有做自己」的人，真的清楚什麼是「自己」嗎？

我們對自己的認知，往往受到經驗的影響。例如，有個孩子本性很熱情，可是成長過程中旁人沒有好的回應，他經歷許多挫折，因此把熱情的天性修正為謹慎，封閉疆界。經年累月，本性被壓到潛意識裡，一直以為自己是內向、不容易開放的，他需要經過很多自我開發，漫長的追尋，才能找回遺忘的本性。沒有找到本性之前，人們多半依據習慣性的心理防衛行事，不識自己本性的人，如果開始任性的做起自己，所做的只不過是熟悉的假我，而不是真我。

「自我」，是心理學上最複雜的議題。自我是龐大的意識與無意識的總合，內部充滿了衝突。不經努力就能通透自我的人，寥寥無幾。凡人即使歷經數十載的靈修覺察、治療分析、夢境探索、身心開發，也難以讀遍自性深處隱藏的訊息。人之所欲，極大部分出於本能，因此「成長」就是學習在互相衝突的欲求之間觀守全貌，實現個人的完整。「知自己」既難，「做自己」怎麼容易？充分連接自性全體的人，才能真正做自己。覺察不足的人所謂的「做自己」，多半是懶得思考，拒絕承載衝突事物之間的張力，因此捨棄全面的衡量，依循片面的衝動行事。這並不是成熟，而是心理上的退行，無法導向喜樂自足，反而容易陷入乖僻自憐。

有對姐妹，妹妹經常出國旅遊，每次出遠門，就把兩隻狗送到姐姐家照顧。

多年來，姐姐都無條件的幫忙，不管何時、不論頻率，有求必應。如今兩人都到了中年，妹妹繼續行遍天下，想去哪裡，動念就動身，不曾顧慮自己養著兩隻狗。這一回妹妹又留個訊息說：「下週一要出發去歐洲，狗狗帶到妳家。」

姐姐問：「去多久？」

妹妹回覆：「不知道。我旅行最討厭固定行程。一、兩個月或是更久吧，看心情。」

狗隨時要來就來也罷了，連待多久都不定，姐姐突然覺得受夠了。「我妹妹在玩樂，可是我卻在幫她洗狗、遛狗、撿狗大便，我需要一輩子這樣嗎？」她下定決心，要開始做自己，設界限，於是當場回了：「我不想幫妳顧狗了。」

妹妹憤怒的大罵：「妳不可以不顧！我行程都訂好了，不能退款的！」

姐姐反問：「難道幫妳顧狗是我的義務嗎？不能說不嗎？」

妹妹說：「每次都是妳顧，妳就算要改變也要有預告期，說變就變，我要怎麼辦？」

妹妹認為姐姐一向都願意幫她照顧狗，所以她訂旅遊時沒有考慮狗的問題，姐姐現在突然改變，造成她的損失，真是太無理了。

姐姐指責妹妹：「妳一直我行我素，都在做自己，現在我也要做自己！」

妹妹指責姐姐：「妳連姐姐都做不好，要做什麼自己！」姐姐竟一時語塞。

這兩位，真是為了做自己而爭執嗎？

我們很容易認為妹妹「很會做自己」，自私的做自己，卻不讓姐姐做自己；但是卻不容易看懂姐姐為什麼無法做自己，以及，歸根究柢，妹妹其實也沒有做自己。

妹妹送狗來就收，累積了十幾年變成習慣之後，突然想改變的姐姐，現在才要開始做自己？那她以前做的是什麼？難道是被鬼附身，沒有自主意識嗎？

她說，以前覺得父母都已不在人世，妹妹只有她這個親人，狗不就像妹妹的小孩嗎？那麼，妹妹要出國，阿姨怎麼可以不顧外甥……

仔細想想，姐姐就是這樣一個溫柔的人，這不也是一種做自己嗎？提供無條件的照顧，做著她想扮演的「理想家人」。這麼做時，並沒有人強力逼迫她，驅動她的是一種自我認知——「我是有情有義的家人」，這也是她自我中重要的一部分。

問題是，這個部分的自我未能與其他部分的自我整合。而現在的她，覺察到自我還有其他部分，或許是渴望自由，或許是羨慕妹妹，或許慨嘆妹妹沒有回饋相應的情感。如果她從此拋卻過往，從自我的那端轉向這端，她仍然只是做著部分的自己，以前主導的那部分，那個想做「理想家人」的她，一定會經常發出指責的聲音：「妳不是個好姐姐！」、「爸媽在天上看妳會搖頭！」於是她會反覆無常，或是為了平息內疚而放大妹妹的不是，加以指責，結果姐妹情誼破壞殆盡，既要如此，當年何必那麼盡心照顧狗呢？

如果她想做真正的自己，必須先認清自己有很多面向，各種部分都需要被重視，在理想與耐力、付出與獲得之間，她必須做出選擇，一方面能肯定自己以前選擇做理想家人的價值，另一方面能接納自己曾經疏忽了其他欲求，如此才能克服內心矛盾，不再被他人的道理迷惑，明確的執行自我的新模式。

至於那位要出門就出門、養著狗卻拿姐姐當保母的妹妹，她是在做自己嗎？試問，哪一個人會認為「我就是要自私，只管自己不管別人」？誰的自性完全沒有一點點善、一點點愛？為什麼妹妹會變成這個樣子，也耐人尋味。她需要把自己的界限大幅擴張，甚至到了侵犯他人的程度，很可能是抱持著「如果我考慮別人太多，我會有損失」的信念，這種信念往往源於心理的創傷經驗，受損的恐懼主宰了她的行為，她把界限往外推，是為了預防自己被壓縮，這是一種防衛行為。

就這點而言，我們也可以說她並沒有在做自己，她注重了自由，卻無法兼顧自我中善與愛的那部分。一個人必須有足夠的勇氣，不怕吃虧，才能多體諒他人。她在這部分缺損了，只好一直做著被討厭的人。

姐姐與妹妹，都活在部分自我的防衛之中。她們藉著彼此的糾纏與指責，把無法處理的部分丟給另一個人。她們需要認清問題，協助彼此開發完整的自我。如果姐姐能表露對妹妹多采生活的羨慕，坦承自己生活的匱乏與自卑感，而妹妹能覺察她對於姐姐的依賴，不再藉著姐姐的溺愛逃避父母已經離世、沒有後盾的失落，兩人將有機會翻轉現有的角色對應。想像姐姐有一天能開心依賴妹妹傳授的旅遊祕技，姐姐不再只是道德優越的服務提供者，妹妹也不再只是任性的剝削者，兩人都能更加完整的做人。

愛自己等於自私嗎？這個公式非常複雜。在充分了解自我之前，人們只能藉由與他人對照來想像自我，例如，兩歲幼兒都很喜歡說「我不要」，心理治療師會告訴爸媽，這孩子是在發展自我感。如果一個大人對於做自己的想像，仍然只有「我不要」，可見他尚未突破幼兒期的課題。

嚷著要做自己的中年人很多，說起要如何做時，大多只是「我不要再配合他」、「我不要再聽她的」或「我要去學新東西」、「我要去旅行」，如果可能，大概也想換個新伴侶吧！

這種藉由「不要」和「不是」所標誌的自己，是模糊的，缺乏主體意志，只有被動的拒絕。唯有努力深入自我的核心，與內心的動力結合，才能擁有做自己的能量。

我們可以這樣想像——當自己成為一輛有方向、有動力的火車，自然不會為別人打轉。如果自己沒有行進的方向，別人指東，就故意往西，把「不配合別人」當作是「做自己」，是不可能到達目的地的。而更成熟的人，不僅是朝單一目標直線奔馳，還能在行進路程中，考慮關係者的存在，有意識的規劃接駁與停靠，當自己的需求和他者的需求合一，做自己就不自私了。

再者，我們也常以為做自己就難免惹人厭，其實不然。惹人厭的傢伙是搞不清楚狀況、無視界限的人，他的自我過分膨脹，以至於干擾他人。因為他的自我跟別人攪和在一起，他無法靠自己感到快樂，也無法獨立處理生活的複雜，只能壓榨別人來幫助自己得到滿足，那不是做自己，而是一直在收編他人，一點也不獨立。獨立做自己的人，不需要增添別人麻煩，如同孔子早為我們提供的熟齡智慧，「從心所欲，不逾矩」。

修通自我的人，與他人不會處於對立的關係，而是超越衝突，並且以愛相待。人不可能好好的做自己而跟別人沒有關聯。即使是單身生活者，也會以某種形式與別人互動。例如，要丟一個破盤子時，你會想到收垃圾的人，小心的用報紙包裹，不想刺傷那素未謀面的人，這就是一個例子。

自我存在於與他人他物的關係之中，真的要做自己，務必通徹對他人、他物的恐懼與防衛，全面的認領，才能為自我的火車畫定有意義的路線圖，希望恣意奔馳，並不代表需要撞爛周圍的人事物。擁有完整的自己，也會擁有與外界和諧的關係。

你也曾經是個憤青嗎？

請不要害怕內心不一樣的聲音，不要輕易簡化人性的矛盾與複雜。往自己的內部看到全貌，才可能在往外看時，保有看清事實的公允。

身邊有年輕朋友，真的非常幸運。他們不僅能提醒我們曾經在意的事、已經遺忘的心情，還幫助我們看到世界如何轉變，開啟對未來的想像。因此我特別珍惜與年輕朋友交流的機會。

近年最感動的一次，是應音樂人鄭宜農之邀，在她的巡迴講唱會「一年M班校外暑修」中，進行一場實驗性的對談。出席之前，我很緊張。宜農的粉絲年輕又有想法，對於這些參與者，我懷抱著熱情，但也很害怕被當成落伍的老人，萬一被噓下台，也許就此喪失了說話的勇氣，徹底被世代淘汰……

我對宜農坦承焦慮，她要我別擔心，還給了我對談的大綱。但我還是幾夜失眠，一直思考著，二、三十歲的朋友都在想什麼呢？為了這場活動，我逛了很久沒逛的街，根據我對文青的想像，買了一件低調又隱藏著細節的棉布褶子洋裝。當天我比他們交代的時間早到一小時，不想驚擾工作人員，便在附近繞圈圈，偷偷觀察排隊入場的人們。結果還沒上場就腳痠，找了店家坐下時，我突然發現心跳好快，整個人微微的顫抖著，我覺得，這感覺有點熟悉又遙遠，這是什麼情形？

侍者端來熱茶，我才恍然大悟，這是第一次跟在意的人約會時的狀態啊！很久沒戀愛的我，能夠被這樣的緊張和興奮折磨，真是奢侈。後來這場對談在宜農細心的引導和忠實粉絲的愛護下（我被愛屋及烏），順利完成。內心盈滿感激與感動，因此我記錄下當天與年輕心靈撞擊所發出的一些光亮。

當天的主題是「憤怒」。

宜農：「我常聽到一句話：『我們不可以失去憤怒』，或『我們不可以停止憤怒』，因為憤怒會帶領我們思考，會帶領我們衝破錯的事情、錯的框架、錯的體制、錯的法律、錯的各式各樣的……彷彿我們一定要保持憤怒的動能，才有辦法一起衝破這些錯誤。我有時候也覺得憤怒確實是一個很好的動能，對我自己而言，但那是比較私人層面的。可是當這關係到這塊土地上所有人的未來時，它就會變得很巨大，那個巨大會讓大家不知所措，我也要跟你一起生氣嗎？妳怎麼面對這樣的狀況？」

惠文：「我想，只要是人，都會有憤怒這個情緒。嬰兒也會憤怒，例如，嬰兒可以很憤怒，因為他想吃奶的時候媽媽沒有過來，他可能陷入一種想像：這是要置我於死地，這是客體關係心理學常提到的例子。

「然而，那個沒有過來滿足嬰兒的媽媽，未必是不在乎嬰兒的。她可能在洗嬰兒的尿布或衣服，做著也是維護嬰兒生命應該要做的事。就算母親自己在吃東西，她必須吃東西才有奶水，不是嗎？

「舉嬰兒為例，是想說明，當一個人的思考很原始，沒有所謂的成熟，或當他看事情不全面的時候，會有片面的判斷，這判斷在因果上是不周全的，他感到憤怒，但這種憤怒是針對片面的點，沒有經過對事物全貌的考量。

「如果是一個比較成熟的人，可能就不會因為他在意的人做別的事情，沒有時時刻刻照顧他，而感到那麼憤怒。他也許會理解，對方也需要照顧自己，才能來和我相處，於是，同樣的事，對這個人而言，就沒有那麼值得憤怒。

「但是，一個自己可以適應環境的人，有時也會覺得，雖然這件事我可以承受，我不會太難過，可是世界上有人為此受苦，因為他們也許沒有我的能力，他們不像我有資源，所以為了正義，我還是要為某件事憤怒。那不是親身餓肚子處於死亡恐懼的痛苦，而是因他人的苦而憤怒，這是為了理想的憤怒，與人共感的憤怒。例如，一個富裕的人，也能體會窮困者之苦，共同為貧富不均的體制憤怒，或是一個既得利益方，也能對剝削弱勢的某種主流憤怒，即使這主流對他自己是友善的。

「如果社會上每個人感覺憤怒的時候，都根據他所感到的憤怒行動，當然會非常混亂，因為這裡面有自私而片面的嬰兒式憤怒，也有成熟理想、正義共感的憤怒，它們的性質非常不同。

「我們以當下為例。聽說今天的演出票都賣完了，如果有人買不到票，非常憤怒，就來這邊敲鐵門鬧場，請問，主辦單位要為他的憤怒提供什麼？同樣的，任何一個人對社會有所不滿時，社會整體該如何回應？今天的主辦單位，要因為一個人抗議買不到票，他好想看鄭宜農，就開門讓他進來，觀眾席沒位子，難道要拉個椅子請他坐台上嗎？我們該服務他的憤怒嗎？

「如果他的憤怒只是嬰兒式的憤怒，他無法理解一個活動合理的極限，無法思考場地跟實務種種考量，那麼這就只是一個鬧場者。

「但是，如果某個活動在人數評估和售票流程上，有欠周詳。明明可以讓更多粉絲參與，也不影響活動的執行，卻因為主辦單位人員的不智，讓活動未臻理想，而今天有一個死忠粉絲到場抗議，目的是提醒他喜愛的團體，如何可以更好。如果他有思維判斷的深度，而不是嬰兒式的片面，那麼他可能是一個改革倡議者。

「這兩者的區分實屬不易，因此，一個體制如何讓改革倡議者有空間，但不容許偏狹個人利益者任意破壞整體運作，是需要高度智慧的。

「我們想要自由開放的社會，就需要配備成熟洞見的素養，這需要相當的心智能力，才能夠面對。例如，某些時候，我們必須做一個暫時令人感覺不便的決定，可是長遠來看，這是有好處的，這時我們需要有忍受暫時不便的心智能力，缺乏這種心智能力的人，無法忍受延遲滿足，隨時需要安逸，當社會集體傾向這種只管當下的心態，『我現在不舒服，我就要憤怒，因為我憤怒所以這件事就是不對，立刻要改』，我們將會變得短視，缺乏整體洞見。如果這些淺薄的憤怒，跟建設性的改革憤怒，都擁有一樣的管道，擁有一樣的破壞力，其實是滿可怕的事情。

「因此，一方面享有得來不易的開放，新世代的人們，更需要具備區辨『不同品質的憤怒』的能力。其實，用心靈去感受的話，這種分辨也沒有那麼困難。如果我們能夠看到全面性，就會知道什麼是有理想的憤怒，什麼是個人自私的情緒。」

宜農：「我很同意。我自己很少會接觸到所謂的憤怒，那可能跟我的角色有關，如果我平時都講音樂，也沒什麼憤怒的必要。但有時候，當我想講一些『觀點』的時候，會遇到他人的反應，包括妳所謂的不同品質的憤怒，可是我又會想，我有什麼資格去幫別人的憤怒區分品質？這樣會不會很高傲？我是不是應該回應並解決每一個別人的憤怒，一個一個憤怒都去面對，一個一個跟他們講，對不起，我不知道你為什麼那麼生氣，你可以再說明一次嗎？有沒有需要這樣做，我會陷入很深的猶豫，妳也會這樣嗎？妳會不會猶豫要不要去回應這些東西？」

惠文：「會的，我以前總會希望能回應每一個憤怒，盡力讓所有人都滿意。幾天前，我還在問我的朋友，他的粉絲專頁有幾十萬人，還歡迎大家提問，到底他一天要回幾個訊息？或者，有時候他寫東西也會被曲解，我問他，被曲解的時候，要不要回？他說他會盡可能的回，但是如果回到沒辦法時，就不勉強。我說，什麼是沒辦法的時候？他說差不多是半夜兩點快要倒下去的時候。我覺得那就是對於溝通非常有熱誠、有能量的狀態。

「而我自己因為心理治療的專業倫理，不能在線上做心理治療等級的回應。簡單的說，心理治療必須在穩定明確的框架與空間下進行，隨便的路邊諮商，還有我以前跟大家分享過的，脫光光泡溫泉的時候，旁邊的人要我解析她的困擾，這我都必須拒絕。因為這個約束，我習慣不在網路上做私人的回答。如果沒有這個約束的幫忙，基於我的個性，我應該會像妳那樣，想要回應每一個人的要求，甚至跟每一個人都能有和諧的關係。

「我會想要這樣，因為意見拋出來到公共空間裡，有人回應，都是緣分，我很珍惜緣分。只是，我也經歷不少，有時嘗試溝通的點，已經不是在討論事情，而是充滿對方的幻想與投射，當他戴著有色的眼鏡，不管你講什麼都是那顏色的時候，我承認我實在沒有更多的語言可以表達我的誠意，我只能閉嘴，自己再去把事情想得更透徹。」

宜農：「我了解。當我們面對嬰兒式憤怒的時候，其實或多或少都會不舒服，妳有沒有什麼建議？」

惠文：「我的想法是，嬰兒式的憤怒，出現在嬰兒當然沒問題，但是如果出現在成人，我們就會好奇，這個成人的狀態為什麼這麼嬰兒？

「這些人可能受過創傷，如果從療癒的角度來說，他們需要更多的愛與了解。怎麼給他們更多的愛呢？這可能包括不間斷的善意，包括等待。例如，當我們擁抱更開放平權的體制時，有些人很憤怒，堅持要原有的排他與保守。雙方的爭執造成很多傷害。那麼只能耐心的幫助他們體驗，我們所追求的進步與平等，對他們也有好處。如果他們覺得世界對他們有所虧欠，就更想緊緊抓住單面的價值，因為他們感到不安全，他們害怕開放，讓不一樣的人有一樣權利時，他們會受傷。這些人往往不明白，在堅持他們是唯一的好人時，他們傷害了其他好人。

「遇到這種情況，說理是無用的。如果我們懷抱著一個嬰兒，他哭哭鬧鬧，我們絕對不會想對他說：『你知道嗎？你現在哭，是因為你內心在跟姐姐爭寵，媽媽看了姐姐一眼，你覺得媽媽更愛姐姐，你就生氣了！這種生氣是很幼稚的，如果你真的在意，就努力學習，等到你真的跟姐姐一樣棒，就不用害怕了。你要獨立！要自強！』我們不會這樣講嘛！我們會把他抱過來，媽媽秀秀疼疼，一邊哼搖籃曲給他聽，他安心睡了，就好了。一天一天，在這樣的信賴和等待中，他才可能真的發展出智慧和力量。」

對談最後，宜農問：「對於我們這個時代，就像妳剛剛說的，在場大家都很年輕，妳有什麼想說的話？或是，妳有沒有覺得，有什麼事情妳還沒有看到？或是有什麼事情妳看到，覺得很棒的？」

惠文：「首先，關於這個問題，我想說一句話：我何德何能，可以回答這個問題！對於願意思考、願意面對情感、願意發展理想的年輕世代，我的心情是敬佩，當然也帶著很多期望。

「這些年來，尤其是成為母親之後，更關心未來世代要經歷的事，我發現了一些讓人心疼跟擔憂的部分。比如說，各位比我們以前困難的地方是，各種事情都愈來愈不簡單了，簡單的被前人做完了，留下來還未完成的，更加富於挑戰性。有待年輕人重新確定的價值觀，往往是模糊而難以確定的價值觀。

「我們年輕時的理想，就是好好做人，而現在年輕人的問題是，沒有人能簡單的定義怎樣才算好好做人。學習、職業、愛情、婚姻，怎樣算是成就，這些判斷變得非常多元，甚至，為什麼一定要有成就？每個人都需要自己重新定義『善良』、『責任』、『關係』，甚至是『愛』……各種被解構的概念。

「不僅如此，年輕世代面對的是『全球』趨勢，不論是與人的競爭、與人的合作，或是所受的威脅，版圖都很大，那是息息相關的全世界，不再是各自獨立的小區塊。也許再下一代要面對的，會是全宇宙？不只是地球人之間的問題，還有與別的星球的問題？這並非不可能。

「面對這些挑戰，如果有前輩可以依靠還好，偏偏年輕世代很難找到讓人心服口服的指導者，因為年輕人見多識廣。為什麼年紀輕輕就可以見多識廣呢？因為取得資訊的方式不一樣了，學生不再受限於一個老師腦子裡面裝的東西，全網域、全世界都是資訊寶庫，所以老師經常被學生挑戰，挑戰一些老師不知道的事情，學生本身也不一定要懂得這些事情，只要擅長蒐集資料，就可以使用它們。這個新時代，成就事情的方式早已跳脫以前的格局，所以在實務上，一個前輩能給的最好建議，恐怕是『無建議』，至少不要固執的用老方法去干擾年輕人。

「只有一件事，我相信對未來世代仍然不可或缺，甚至更形重要的，那就是：『一定要好好鍛鍊與照顧心智！』

「身處於資訊爆炸的世界，面對的課題高度複雜，如果心靈沒有接受過充足的鍛鍊，必定常受挫傷、常感迷惑。太多東西在空中飛來飛去，所有的判斷與力量，都取決於心智的狀態。

「為此，請不要害怕內心不一樣的聲音，不要輕易簡化人性的矛盾與複雜。即使你是一個開朗的人，不代表你沒有陰暗面；你是一個很溫和的人，不代表你沒有攻擊性；如果每個人都能從自己做起，往自己的內部看到全貌，才可能在往外看時，保有看清事實的公允。如此的你，絕不會是一個大嬰兒，於是你才能確定，如果這樣的你有憤怒，那是應該要行動的憤怒；如果這樣的你想要愛，那是值得付出一切的愛。」

我曾經追隨奉行的許多事物，現在已不被認為重要。但如果現在的我，還能想像年輕世代的熱忱，也能尊敬他們面臨的考驗，最重要的，能了解他們與我們的不同，那麼，我應該沒有辜負曾經降臨在身上的青春吧！

輯五

心之所向

從心自由的女人

對於持續從心底深處湧出的貶抑和批評，不再輕易服從。
相信自己的潛能，不論過去如何，不管年紀多大，我們可以重新成長，從心自由。

他們都說女人跟以前不一樣了。意思是，現代好像跟傳統有所不同。「平權意識」已是耳熟能詳的名詞，但是，女人的境遇真的比以前好嗎？

在心理工作中遇見的女性，有年紀比我大的，有年紀跟我差不多的，我們對於做為女人的壓力很有共識，也一起期待著奮鬥與改變。不過，近幾年遇到不少二十幾歲的年輕女性，她們的困境讓我發現，我們一直期待的、「十年、二十年後會更好」的那種開放與平權，似乎尚未如願的產生。

年輕女性最常諮詢的問題，主要是：「如何保有關係，又能夠在關係中做自己？」這兩部分仍然讓女性覺得難以兼得。雖然表面上人們不再像前一個世代那樣強硬的要求女性應該如何，但沙文的規則仍然存在。女性似乎有更多選擇的機會，但選擇什麼會被讚許接納、選擇什麼會被拒絕往來，好像跟我們年輕時沒有太大差別。有機會請教婦女運動的前輩，幾位不約而同的說：「的確遇到瓶頸！」也有前輩質疑：「女權是不是好像還倒退了？」

女性自由了嗎？

妳可以全力發展職涯？不過薪資和機會仍然與男性不平等，妳需要在職場投入更多的心力才能應付競爭，同時，家人（不論是男性或女性）仍然傾向認為家庭是女人的基本職責，妳可以愛工作，但如果因此減少對家庭的勞務與投注，可能會感受到周遭不以為然的壓力。

他們說：「妳可以自己選擇。」不過妳會發現，如果家庭和孩子出了什麼問題，職業婦女很容易被責難。當婚姻出狀況，很多人會憑空猜測那是因為妳有愧於妻子的職責，妳的家庭缺乏溫暖，或是妳仗恃著能力而態度強勢，讓丈夫感到壓力而不快樂。女性在職場上承受的挫折和挑戰，較少從家人那裡得到支持，不少丈夫覺得「我讓妳去工作，已經很好了」，如果他曾在妳加班時洗了幾個碗或陪一下孩子，他更可沉浸在自己是超理想男人的自滿中，不明白妳有什麼資格要求他關心妳的工作壓力，或是給疲倦的妳一些溫柔。

妳可以用自己喜歡的方式對待自己的身體？不過妳會發現，人們仍然會依據妳的穿著樣態，決定妳值不值得尊重。美貌與性感仍然大幅影響人際待遇。尋求醫美整容的女性，被認為只是為了讓自己更自信、更開心，至於「為什麼女人要符合那種制式的美才能自信、才能開心？」這個議題可能比二十年前還難以討論。「自己選擇」的假象，掩蓋了「不得不如此選擇」的無情現實。我曾受邀在一個座談會上討論整容與女權，有與談人認為整容讓女人更有自信，醫美是幫助女人的好工具，在場許多年輕女性認為這是一個不需要嚴肅對待的議題。「我有權利把外貌變成我喜歡的樣子，」她們說：「對女人整容有意見的，才是父權宰制。」

我贊同女人應該擁有身體自主權，可以把自己變成自己喜歡的樣子，只是，在我們輕率的放過這個議題之前，是否可以大膽的期待更多？我們本來的身體和面貌，可不可以無條件的更歡愉？對於那些評斷我們的鼻子需要墊高、乳房需要增大、臉部不應有皺紋、腰肢要纖細的標準，女人只能接受嗎？「整容後我也可以得到漂亮女生的待遇」，這種「有條件的自由」，我們真的滿意？

我們是看著「明星」長大的一代。從沒有電視到家家戶戶守著電視吃晚餐，媒體創造了美麗明星的新神話，那些年紀與我們相仿的美女曾經完美無瑕，現在她們一樣是中年人或老年人了。媒體喜歡拿年長女明星的容貌當話題，訕笑老態的，諷刺整容的。麗質天生始終如一的，才能免於被批評。有幾人能拒絕這樣的報導？除了默默的移開滑鼠，你是否會對這樣的媒體退訂、取消追蹤或發聲抗議呢？

曾經熱切的期待著，而今我們似乎不得不承認，女性的自我實現，仍然因為性別而受著限制。這些數十年來尚未被打破的限制，變得更隱微，比以往更難突破，因為它們透過長年的壓迫，侵入女性的心靈。許多女人以為擁有的自主，並不是真正的自主。很多時候，對於「妳可以自己選擇」的差勁條件，我們應該說的是：「為什麼我要在這兩者之間選擇？」

為什麼我不能都要？

活潑展露與安全尊重之間，為什麼要選擇？
自主有能與親密愛情之間，為什麼要選擇？
職場成就與婚姻家庭之間，為什麼要選擇？

在父權高張的社會中，逼女性如此屈從的，有時候不只是男性。某些受到父權創傷太深的女性，在絕望下內化成不再相信女性有自由自主的可能，對於其他還抱著希望嘗試解放的女性，可能施與比男性所施的更重的否定與攻擊。

與此同時，積極追求改革的部分女性，對於困阻於現況的部分女性，也常常出現「恨鐵不成鋼」的失望和批評。這是先進的女性主義者已經注意到的分裂與瓶頸。在全體女性之間，因為資源差異而對彼此區別認同，在爭取自由的行動與意識上，因為各自的現實條件而無法同步，分裂為不同的立場與陣營，將想像的「另一種女人」視為異己的他者，投以嫌隙、敵意與歸咎。

其實，女人何苦為難女人？母女意見、婆媳問題、爭風吃醋、共事困難等等，往往雙方做為女人的經歷都是受傷的。

英國知名精神分析學家、社會主義女性主義者茱麗葉．米契爾（Juliet Mitchell）曾說：「家庭中非物質的部分由人類深層心理決定，除非深層心理改變，否則婦女追求社會上再多的平等也無法改變婦女處境。」

家庭中非物質的部分，指的可能是權力、關係、日常生活的協定等等，它們是由心理對應決定的。

以一個常見的情境來說明：

五十年前，如果一名女性進入婚姻、生了孩子後想持續工作，她可能戰戰兢兢的對丈夫和婆婆說：「我——我可以繼續工作嗎？」然後，丈夫或婆婆可能說：「不可以！」或「妳為什麼不想當個好母親？」我們都聽過這樣的故事吧！她沒有權利反抗，甚至沒想過可以反抗，於是她辭掉工作，相夫教子。過了幾十年，空巢期時，她可能因為一輩子有志難伸，承載了許多委屈而感到憂悶，她也許會去找心理治療師，描述她如何失去發展自我的機會，如何被父權剝奪，她控訴的對象可能是自私的丈夫、傳統的婆家，以及不知感恩的小孩。也許她的親子關係惡劣，因為她非常不快樂，因為她被剝奪了自我。

如美國作家貝蒂．傅瑞丹（Betty Friedan）在《女性迷思》（*The Feminine Mystique*）中描述的：「母親總是打擊父親，因為她沒有別的方式來發揮驚人的能量」、「受高等教育的女同學，絕大多數都成為深居簡出的家庭主婦」。她們覺得自己太晚覺醒，早就應該自問：「就這樣生活下去嗎？」、「我是誰，我想從生活中得到什麼？」這是上一代女性典型的困境和遺憾。

過了五十年，現在的女性呢？

假設是與上述相同的情境：有一個女性結婚生子之後，想持續工作。於是她問先生：「我是不是應該繼續工作呢？」相較於母親和祖母那時代，現在的丈夫可能不會說「不可以」。他說的是：「妳自己決定啊！」她問婆婆：「媽，我們小孩可以送去給保母帶嗎？」婆婆（可能就是上一段描述的老來覺醒不要再做牛做馬的女性）說：「妳自己決定，總之我不要再帶小孩了。」看來沒有人有意見，所以她可以「自己做決定」，那就要「自己想清楚」，並且「自己

負責任」。想來想去，好多的擔憂，萬一保母失職怎麼辦？萬一離開職場以後回不去怎麼辦？光靠丈夫的收入，沒辦法讓孩子過得很寬裕怎麼辦？最後她做出決定，要繼續工作。

家庭與職業一肩雙挑的情形如何呢？

例如，小孩生病了，她的丈夫說：「什麼時候開始發燒的？是不是燒很久，妳下班才發現？」啊！啊！她自責的想著，是的，沒發現小孩發燒的那一整天，她都在忙工作，她很難過，覺得自己是一個糟糕的媽媽。接著，她可能因為孩子看起來哪方面發展得不是很好，感到非常焦慮，讀了成堆的教養書籍之後，認為自己需要投入更多時間、提供更好的教養。

或者，在她忙碌時，丈夫認真的陪伴孩子（這已經是一般認為最幸運的狀況），結果有一天，她發現孩子希望親子運動會是由爸爸而不是媽媽去參加，她感到另一種焦慮，自忖：「媽媽怎麼可以不是照顧孩子的第一線呢？」結果也還是認為自己需要投入更多時間陪伴孩子。總之，她辭掉了工作。

大家都說她是「自己決定的」，「沒有人逼她」，而且「她老公都很幫忙」。辭掉工作之後，她不快樂。聽到以前能力比她差的女同事升遷了，她覺得很懊惱。找個姐妹淘訴苦吧！好友之一說：「天啊！妳怎麼會做這樣的選擇？家庭主婦是一條不歸路，妳不該糟蹋自己的能力！」好友之二卻說：「妳為什麼要在意職場的事？為什麼不想想妳多幸福，擁有老公孩子，怎麼還不知足？」跟丈夫訴苦，丈夫說：「妳想工作就回去工作，我又沒有勉強妳，妳有什麼好煩惱的？」於是她很深刻的覺得，應該是我自己有毛病。

也許她去找心理治療師，像母親那輩一樣。不同的是，她無法像母親那樣，清楚明確的抱怨父權如何剝奪了她的人生，她很困惑，她怪自己的部分更多。「我有能力，也有機會，為什麼我做不好選擇？」、「為什麼我不快樂？」

比起母親和祖母，現代女性不見得比較好過。想要弄清楚「為什麼我不好過」時，她需要更多的勇氣和心力，才能辨識化為隱性的父權訊號。「雖然我先生沒有明講，但他其實不高興我去上班。所以我總是特別小心不要少做什麼家事。」、「每次我談到工作，婆家人都不接腔，好像只有孩子才是我應該有感的話題。」其實她承受了很大的壓力，卻不容易對此有意識。她深陷在對自己不滿的困惑與挫折中，自我實現的目標，似乎還是遙不可及。

這是現代女性難以言說、也常常不被了解的困境。不過，如果她能拿回內心的自主，她實現自我的機會當然是比母親那一代好得多。

雖然比上一代幸運，我們面對的性別課題依然嚴峻。我們需要繼續與不公平的制度搏鬥，更需要進行內心的整理，如果解不開心理的祕密，我們將繼續困在「我是女人只好如此」的挫折中。然而，如果我們拿到心理的鑰匙，加在上一代婦女運動的基礎上，我們可以打開無比寬廣的世界。

這就是我們的時代，複雜而值得期待。

女性在自我實現的路程中，總是不斷被外界要求的「角色」割裂，妳是這樣，妳就不是那樣。如果無法超越這些要求，無法獨立思考，即使外界顯性的束縛看來緩解了，深植於女性內心的嚴厲聲音仍然存在，繼續其控制。

這些聲音是女性心中的「他者」——關於「我會如何被『他們』評價和對待」的想像。與主體相對的「他者」，來自社會結構、社會概念、各種生活經驗，一旦內化進入心中，他者就不只是在外面，而是在我們心中，與自我不斷進行著辯證與拉扯。

心理學家榮格提出的「阿尼姆斯」（Animus）概念，可以幫助我們覺察內心的他者。

榮格以阿尼瑪（Anima）與阿尼姆斯指稱「人們心中相對的性別意象」，

阿尼姆斯是女性心中的男性意象與男性原則。說得簡單些，可以想像我們的心中都住著某種男性，通稱阿尼姆斯。他會從內心給我們各種期待、評價，左右我們的感受，影響我們的選擇與行動。

某些女性主義者對於榮格有所爭議，認為他太過於「本質論」。例如，為什麼要強調女性心中的男性和男性心中的女性？女性心中也受女性影響很大呀！但無論如何，榮格提醒我們內心有一部分需要覺察，我認為還是很有用的一個角度。

阿尼姆斯的形成（也就是「我心中住著什麼樣的男性」），來自文化中的男性形象、個人與男性相處的經驗等等。根據這些經驗，女性心中的阿尼姆斯可以是正向支持的，也可能是負向敵意的。例如，許多女性，從小生在重男輕女的家庭中，父親眼中只有她的兄弟，她需要做很多家事，但父親只認為理所當然，從未給予任何肯定。有這樣經歷的女孩，內心逐漸形成的阿尼姆斯（心中男性），總是對她發出輕視、嚴厲的信息，成年之後，即使她在各方面表現優異，卻不知為何總是覺得自己需要做更多，永遠無法放鬆。如果有人（特別是男性）對她做出不合理的要求，她雖然感到委屈或憤怒，但內心深處的感受卻是「我一點都不驚訝，我就是會這樣被對待」。

這些女性心中的阿尼姆斯可能說著「對妳壞是合理的」，使她接受不公的對待而缺乏反抗的信心。而在某些情況下，她們也可能認同心中的阿尼姆斯，和阿尼姆斯一致的貶低自己的女性本質，因此認為自己需要採取想像中男性的強硬姿態，才能抵抗充滿敵意的外界，於是她將無法自由的表現情感與需求。無論是上述的哪種情況，這種負向的阿尼姆斯都限制著女性的發展。

與男性接觸的負面經驗，形成貶損與敵意的阿尼姆斯，打從心中不看好女性，像扯後腿一般，時時挫折著自信。相反的，正向經驗可形成欣賞與鼓勵的阿尼姆斯，提供源源不絕的力量，讓女性的本質得到珍視，並且在此基礎上盡情發展各種能力。據說，擁有正向阿尼姆斯的女性，更容易享有自信與自在，能夠積極的追求目標，也更能安心綻放女性魅力。為什麼說是「據說」呢？因為我看到的案例中，阿尼姆斯多半還是負向的。也許因為我們的文化仍然未脫父權偏差，女性多半還是承受著不友善的對待，或者，這些擁有正向男性經驗的女性，不需要來到心理治療師的診間吧！

如果有興趣開始覺察內心的這股「阿尼姆斯」影響力量，可以從很簡單的觀察著手——問問自己，想像「男性會怎麼對待我」時，感到的通常是一種增益支持的力量，還是一種受到批評攻擊的焦慮呢？

這正是我們需要超越的心理功課。對於持續從心底深處湧出的貶抑和批評，不再輕易服從，相信自己的潛能，勇敢的說：「我值得更好的發展！」不論過去如何，不管年紀多大，我們可以重新成長，從心自由。

國家圖書館出版品預行編目（CIP）資料

我想看妳變老的樣子 / 鄧惠文著. -- 第二版. --
台北市 : 遠見天下文化, 2021.1
面； 公分
ISBN 978-986-479-528-4 (平裝)

1.自我肯定 2.生活指導 3.女性

177.2 107013158

華文創作 BLC109

我想看妳變老的樣子

明天的女人，比昨天的女孩更精采

作者 — 鄧惠文

總編輯 — 吳佩穎
人文館總監 — 楊郁慧
責任編輯 — 許景理（特約）、楊郁慧
美術設計 — 謝佳穎（特約）
內頁排版 — 蔚藍鯨（特約）
內頁圖片 — Shutterstock

出版者 — 遠見天下文化出版股份有限公司
創辦人 — 高希均、王力行
遠見・天下文化 事業群榮譽董事長 — 高希均
遠見・天下文化 事業群董事長 — 王力行
天下文化社長 — 林天來
國際事務開發部兼版權中心總監 — 潘欣
法律顧問 — 理律法律事務所陳長文律師
著作權顧問 — 魏啓翔律師
社址 — 臺北市104松江路93巷1號
讀者服務專線 — 02-2662-0012｜傳真 — 02-2662-0007；02-2662-0009
電子郵件信箱 — cwpc@cwgv.com.tw
直接郵撥帳號 — 1326703-6號 遠見天下文化出版股份有限公司

製版廠 — 中原造像股份有限公司
印刷廠 — 中原造像股份有限公司
裝訂廠 — 中原造像股份有限公司
登記證 — 局版台業字第 2517 號
總經銷 — 大和書報圖書股份有限公司｜電話 — 02-8990-2588
出版日期 — 2021 年 1 月22日第一版第一次印行
2023 年 8 月28日第二版第四次印行

定價 — NT 380 元
ISBN — 978-986-479-528-4
書號 — BLC109
天下文化書坊 — bookzone.cwgv.com.tw